Helmut Obst

August Hermann Francke und die Franckeschen Stiftungen in Halle

Mit 21 Abbildungen

VANDENHOECK & RUPRECHT

Prof. Dr. Helmut Obst

geboren 1940, ist Ordinarius für Ökumenik, Konfessionskunde und Religionswissenschaft an der Theologischen Fakultät der Martin-Luther-Universität Halle-Wittenberg sowie seit 1992 stellvertretender Direktor der Franckeschen Stiftungen zu Halle.

Prof. Dr. Jan-Hendrik Olbertz

geboren 1954, Fachbereich Erziehungswissenschaften der Martin-Luther-Universität Halle-Wittenberg, seit 2000 Direktor der Franckeschen Stiftungen zu Halle.

Die Abbildungen wurden vom Archiv der Franckeschen Stiftungen in Halle zur Verfügung gestellt; die Abbildung auf S. 6 vom Stadtarchiv Halle (Ansichtensammlung, II 154).

Die Kapitel I–II des vorliegenden Bandes entsprechen im wesentlichen den Kapiteln 1–3 in: Helmut Obst / Paul Raabe, Die Franckeschen Stiftungen zu Halle (Saale). Geschichte und Gegenwart, fliegenkopf verlag, Halle 2000, S. 9–100.

Die Deutsche Bibliothek – CIP-Einheitsaufnahme

Obst, Helmut :
August Hermann Francke und die Franckeschen Stiftungen
in Halle / Helmut Obst. –
Göttingen : Vandenhoeck und Ruprecht, 2002
(Kleine Reihe V & R ; 4030)
ISBN 3-525-34030-3

KLEINE REIHE V&R 4030

© 2002, Vandenhoeck & Ruprecht in Göttingen.
Internet: http://www.vandenhoeck-ruprecht.de
Alle Rechte vorbehalten. Das Werk einschließlich aller seiner Teile ist urheberrechtlich geschützt. Jede Verwertung außerhalb der engen Grenzen des Urheberrechtsgesetzes ist ohne Zustimmung des Verlages unzulässig und strafbar. Das gilt insbesondere für Vervielfältigungen, Übersetzungen, Mikroverfilmungen und die Einspeicherung und Verarbeitung in elektronischen Systemen. Printed in Germany.

Umschlag: Jürgen Kochinke, Halle
Schrift: Concorde regular
Gesamtherstellung: Hubert & Co., Göttingen

Inhalt

I.	August Hermann Francke. Ein Porträt	7
1.	Der junge Francke (1663-1692)	8
	Schule und Studium	9
	Bekehrung	12
	Erste Dienstjahre	15
2.	Auf dem Höhepunkt seiner halleschen Wirksamkeit (1692-1714)	18
	Gemeindereform und Anfeindungen	19
	Beginn des Sozial- und Bildungswerkes	23
	Ein »Pflantz-Garten« für Deutschland und die Welt	29
3.	Die letzten Lebensjahre (1715-1727)	37
	Stadtpfarrer und Universitätsrektor	38
	Reise nach Süddeutschland	41
	Auseinandersetzung mit Spätorthodoxie und Aufklärung	43
	Ausbau und Vollendung	46
	Theologe – Pädagoge – Sozialreformer	50
II.	Die Glauchaschen Anstalten – Franckens Stiftungen (1695-1727)	55
	Das Waisenhaus	57
	Weitere Einrichtungen	64
	Apotheke und Medikamentenexpedition	65
	Buchhandlung und Verlag	68
	Die »Stadt Gottes« als Lebensraum	71
III.	Das pietistische Erbe (1727-1785)	75
	Johann Anastasius Freylinghausen	75
	Gotthilf August Francke	79

	Mitarbeiter der zweiten Generation	83
	Indien und Nordamerika	86
	Halle und Preußen	93
	Eine pietistische Fakultät?	95
	Höhepunkt und Niedergang	96
	Die pietistischen Erben Gotthilf August Franckes	99
IV.	Tradition und Wandlung (1785–2000)	103
	August Hermann Niemeyer	103
	Hermann Agathon Niemeyer	106
	Pädagogen als Stiftungsdirektoren	108
	Das wilhelminische Deutschland	109
	Weimarer Republik	111
	Nationalsozialismus	113
	Sozialismus	115
	Wende 1989	120

Ausblick (Jan-Hendrik Olbertz) 126

Übersichten 132

1. Lebensdaten August Hermann Franckes 132
2. Die Direktoren der Franckeschen Stiftungen 135
3. Die Kondirektoren der Franckeschen Stiftungen 136

Anmerkungen 138

August Hermann Francke (1663–1727); Theologieprofessor an der Universität Halle; führender Vertreter des lutherischen Pietismus; Begründer der Franckeschen Stiftungen zu Halle.

Paul Raabe

*dem Erneuerer der Franckeschen Stiftungen
1990 bis 2000*

zum 75. Geburtstag

Frontalansicht des Waisenhauses Halle, um 1730.

I. August Hermann Francke
Ein Porträt

Die Franckeschen Stiftungen sind das Lebenswerk eines Mannes, der unter schweren Kämpfen in drei Jahrzehnten unermüdlichen Wirkens aus dem Nichts heraus in Glaucha, vor den Toren Halles a. d. Saale, eine pietistische Schulstadt mit etwa 3000 Bewohnern aufbaute, von der in alle Welt ausstrahlende geistlich-theologische, pädagogische, wissenschaftliche, soziale und kulturelle Reformimpulse ausgingen: August Hermann Francke (1663–1727).

Dieses auf einen verinnerlichten christlichen Glauben gegründete Werk wurde von seinem Schöpfer und weitsichtigen Organisator so angelegt, daß es über seinen Tod hinaus Bestand hatte. Nicht Francke selbst war sein Fundament, sondern das Prinzip der praktischen Verwirklichung christlicher Nächstenliebe in besonderer Hinwendung zu den Kindern, den Waisenkindern und den Armen. Das Waisenhaus und die Schulen bildeten den Kern der Franckeschen Anstalten, um den sich alles weitere entwickelte. Dieser Kern der Franckeschen Stiftungen, wie die Anstalten schließlich genannt wurden, hat die tiefgreifenden politischen, sozialen und kulturellen Veränderungen von Jahrhunderten, einschließlich zweier totalitärer Systeme, überstanden. Selbst in der Zeit des Sozialismus, der DDR, blieben die Schulen formal weitgehend erhalten.

Francke hatte das Schicksal und die Zukunft seiner Anstalten unlösbar mit den Kindern, mit der Jugend verbunden. Das garantierte ihr Überleben. Einen »Pflantz-Garten, von welchem man eine reale Verbeßrung in allen Ständen in und auserhalb Teutschlandes, ja in Europa und allen übrigen Theilen der Welt zugewarten«, wollte er anlegen.[1] Ein Pflanzgarten sind die Franckeschen Stiftungen in ihrer 300jährigen Geschichte mehr oder minder immer gewesen, allerdings wurde sehr unterschiedliches gepflanzt. Vieles war nicht im Sinne des Stifters. Auf dem Weg in ihr viertes Jahrhundert stehen die Franckeschen Stiftungen nach den schweren inneren und äußeren Verwüstungen in der Zeit des Nationalsozialismus und des Sozialismus in einem schwierigen Prozeß der Neugestaltung des von Francke angelegten Pflanzgartens.

Die erneuerten Franckeschen Stiftungen können nicht die alten sein. Ihnen ist aufgetragen, das materielle Vermächtnis Franckes zu übernehmen und zu bewahren, gleichzeitig müssen sie versuchen, das geistige Vermächtnis Franckes in zeitgemäßer Form neu zu entfalten. Für beides bedarf es der Orientierung am Leben und Werk ihres Stifters.[2]

Franckes Leben läßt sich in drei Perioden einteilen:

1. Der junge Francke (1663–1692)
2. Auf dem Höhepunkt seiner halleschen Wirksamkeit (1692–1714)
3. Die letzten Lebensjahre (1715–1727).

1. Der junge Francke (1663–1692)

August Hermann Francke wurde am 22. März 1663 in der alten Hansestadt und freien Reichsstadt Lübeck geboren. Mütterlicherseits war er mit den einflußreichen Geschlechtern der Stadt verwandt. Zu seinen Paten und Namensgebern zählte der Lübecker Bürgermeister Hermann Dorne. Die Familie seines Vaters stammte aus Heldra in Thüringen. Der Großvater Hans kam als Bäckergeselle nach Lübeck und heiratete in ein altes hanseatisches Geschlecht ein. Franckes Vater Johannes (1625–1670) war Jurist; er hatte 1651 Anna Gloxin (1635–1709), die Tochter des Syndikus und später regierenden Lübecker Bürgermeisters David Gloxin und dessen Ehefrau Anna, geborene Schabbel, geheiratet. Es spricht für die Tüchtigkeit des Vaters, daß dieser 1666 als Hof- und Justizrat an den wohl fortschrittlichsten deutschen Fürstenhof der Zeit, nach Gotha, berufen wurde. Ernst der Fromme von Sachsen-Gotha-Altenburg (1601–1675) war ein sehr reformfreudiger Fürst, der in seinem Lande z. B. die allgemeine Schulpflicht und den verbindlichen Katechismusunterricht einführte. Das Gothaer Reformprogramm und seine vielfältigen Ausstrahlungen gehören zu den äußeren Rahmenbedingungen, unter denen der junge Francke aufwuchs.

Schule und Studium
August Hermann Francke war von Anfang an zum Theologen bestimmt. Mit etwa zwölf Jahren erlebte er unter dem Einfluß seiner Schwester Anna und durch die Lektüre Johann Arndts »Vier Bücher vom wahren Christentum« sowie Schriften der damals in Deutschland weitverbreiteten englischen Erbauungsliteratur eine innere Erweckung. Dieser »gute Anfang einer wahren Gottseligkeit« wurde aber nach seiner Meinung im Alter von 13 bis 15 Jahren wieder durch eine zunehmend weltliche Gesinnung überdeckt. Der »vorige Eifer« verlor sich, »hingegen begann ich mich der Welt gleichzustellen, Ehre bei der Welt groß zu achten und um deswillen nach Gelehrsamkeit zu streben und es andern zuvorzuthun«.[3] Diese Kindheits- und Jugenderlebnisse haben ihn zeitlebens begleitet und geprägt.

Nach vorhergehendem Privatunterricht war Francke 13jährig auf das Gothaer Gymnasium gekommen, das einen ausgezeichneten Ruf genoß. Schon zwei Jahre später konnte er die Schule wieder verlassen und besaß mit 15 Jahren die Universitätsreife. Zum Studium für den Sohn fehlten der inzwischen verwitweten Mutter die finanziellen Mittel. In dieser schwierigen Situation kamen Francke seine familiären Verbindungen zugute; sein Onkel Anton Hinrich Gloxin (1645-1690) verwaltete die Schabbelsche Stiftung, eine gut dotierte Familienstiftung. Francke erhielt ein Stipendium aus dieser Stiftung und konnte das Studium an der Universität im benachbarten Erfurt beginnen. Im Herbst 1679 ging er auf Wunsch des Onkels nach Kiel. Hier lehrte Christian Kortholt (1633-1694), ein reformoffener Theologe, zu dessen Anliegen die Verbindung von Glauben und Lebensführung im Rahmen der lutherischen Theologie gehörte. Der junge Francke hatte Kortholt viel zu verdanken.

»Schwierigkeiten im Studium und bei der Zahlung des Stipendiums führten 1682 zu einer Studienunterbrechung, die Francke nutzte, um in Hamburg bei dem berühmten Hebraisten Esdras Edzardus (1662-1713) endlich ernsthaft Hebräisch zu lernen und dann in Gotha nicht nur seine erworbenen Kenntnisse im Selbststudium zu vertiefen, sondern auch seine bisherige Lebensführung kritisch zu überprüfen. Im Ergebnis dieser Bemühungen wandte er sich der biblischen Philologie zu. Im Frühjahr 1684 bot sich ihm die Möglichkeit, in Leipzig privat Hebräisch zu unterrichten. Francke nutzte die Gelegenheit zum Erwerb des philosophischen Magistergrades und habilitierte sich im Sommer 1685 mit einer Dissertation über die hebräische Grammatik, so daß er nun auch biblisch-philologische Vorlesungen an der Philosophischen Fakultät halten konnte. Zugleich setzte er sein Theologiestudium mit dogmatischen Vorlesungen und homiletischen Übungen fort.«[4]

Seinen inneren Zustand in dieser Zeit charakterisierte Francke später so: »Was mein Christenthum betrifft, ist dasselbe, sonderlich in den ersten Jahren da ich in Leipzig gewesen, gar schlecht und laulicht gewesen. Meine intention war ein vornehmer und gelehrter Mann zu werden, reich zu werden und in guten Tagen zu leben wäre mir auch nicht unangenehm gewesen, ob ich wol das ansehn nicht hätte haben wollen, als wenn ich darnach trachtete.«[5]

In Leipzig gründeten im Sommer 1686 einige junge Magister, unter ihnen Francke und Paul Anton (1661–1730), mit wohlwollender Unterstützung der Theologischen Fakultät ein Collegium philobiblicum, in dem die Kenntnis der biblischen Sprachen vertieft werden sollte. Diese Vereinigung wurde schon bald zum Ausgangspunkt schwerwiegender Verwicklungen und Streitigkeiten. Francke spielte dabei eine zentrale Rolle. Durch Vermittlung seines Freundes Paul Anton war Francke in brieflichen Kontakt mit Philipp Jakob Spener (1635–1705) gekommen.

Spener war 1686 als Oberhofprediger nach Dresden berufen worden, nachdem er vorher als Senior, d. h. als leitender Geistlicher, an der Spitze der lutherischen Pfarrerschaft der Reichsstadt Frankfurt a. M. gestanden hatte. Seine 1675 erschienenen »Frommen Wünsche« (Pia desideria) hatten ihn zum wohl bekanntesten wie auch umstrittensten lutherischen Theologen der Zeit gemacht. In dieser Programmschrift nahm er eine kritische Bestandsaufnahme der kirchlichen Schäden seiner Zeit vor und unterbreitete umfassende Reformvorschläge. Allem voran setzte er die Forderung nach einem lebendigen, persönlich-existentiellen Verhältnis der Christen zur Bibel. Er schlug die Einführung von Hauskreisen nach urchristlichem Beispiel vor. In diesen Erbauungsversammlungen, die Angehörigen aller Stände und auch Frauen zugänglich waren, sollten Texte der Bibel besprochen werden. Er wollte ernst machen mit dem von Luther gelehrten Priestertum aller Gläubigen. Spener verlangte außerdem, das religiöse Wissen in die Praxis umzusetzen. Er forderte lie-

Porträt von Philipp Jakob Spener, Ende 17. Jh.

bevolles Verhalten in Religionsstreitigkeiten, eine Reform des Theologiestudiums und der kirchlichen Verkündigung mit dem Ziel größerer Lebensnähe. Seine Zuversicht, daß eine Reform von Kirche und Gesellschaft möglich sei, schöpfte Spener aus seiner, wie er sie nannte, »Hoffnung besserer Zeiten«, der ansatzweisen Verwirklichung des endzeitlichen Reiches Gottes auf Erden.

Spener predigte im Frühjahr 1687 in Leipzig über den lebendigen Glauben und die Wiedergeburt des gefallenen Menschen. Francke hörte diese Predigt und lernte Spener persönlich kennen. Fortan verband ihn mit Spener eine lebenslange Freundschaft, sah er in ihm seinen väterlichen Berater.

Bekehrung

Im Herbst 1687 kam es zu dem für Francke und seinen weiteren Lebens- und Entwicklungsweg wichtigsten Ereignis, zu seiner Bekehrung. Anläßlich eines Aufenthaltes bei dem Lüneburger Superintendenten Caspar Hermann Sandhagen (1639–1697) wurde Francke um eine Predigt gebeten über das Bibelwort Johannes 20,31: »Diese Worte aber sind geschrieben, daß ihr glaubet, Jesus sei der Christus, der Sohn Gottes, und daß ihr durch den Glauben das Leben habet in seinem Namen.« Bei der Predigtvorbereitung stellte Francke mit Entsetzen fest, daß er diesen lebendigen Glauben, von dem im Bibeltext die Rede ist, selbst nicht besitzt, daß die ungläubige Vernunft ihn regiert. Und die Vernunft stürzte ihn immer mehr in »unruhe und zweiffel«![6] Er griff zu theologischer Literatur, aber auch dort fand er nichts, so schreibt er, »woran ich mich hätte halten mügen. Ich meynte, an die H. Schrifft würde ich mich doch halten, aber bald kam mir in den Sinn, wer weiß ob auch die H. Schrifft Gottes wort ist, die Türcken geben ihren Alcoran, und die Juden ihren Talmud auch dafür aus, wer wil nun sagen, wer recht habe. Solches nahm immer mehr die überhand, biß ich endlich von dem allen was ich mein Lebenlang, insonderheit aber in dem über acht Jahr getriebenen studio theologico von Gott und seinem geoffenbahrten wesen und willen gelernet, nicht das geringste mehr übrig war, das ich von Hertzen geglaubet hätte. Denn ich glaubte auch keinen Gott im Himmel mehr, und damit war alles aus, daß ich mich weder an Gottes noch an menschen wort mehr halten kunte, und ich fand auch damahls in einem so wenig Krafft als in dem andern.«[7]

Francke befand sich in einer intensiven atheistischen Anfechtung. Er wollte die Predigt absagen, »denn ich fühlete es gar zu hart, was es sey, keinen Gott haben, an den sich das Hertz halten könne; Seine Sünden beweynen, und nicht wissen warum, ... ob warhafftig ein Gott sey, den man damit erzürnet habe«. In diesem Zustand fiel Francke auf die Knie und betete zu dem Gott, »den ich noch nicht kante«.[8] In diesem Gebet kam es zur entscheidenden Wende. Er berichtet in seinem »Lebenslauf« weiter: »Ich stund gar anders gesinnet wieder auff, als ich mich niedergeleget hatte. Denn mit großem Kummer und zweiffel hatte ich meine Knie gebogen, aber mit unaußsprechlicher Freude und großer Gewißheit stand ich wieder auff.

Da ich mich niederlegte glaubte ich nicht, daß ein Gott wäre, da ich auffstand hätte ichs wol ohne Furcht und zweiffel mit vergiessung meines Bluts bekräfftiget.«[9]

Dieser neu gewonnene existentielle Glaube bestimmte von da an Leben und Tun Franckes total. »Nun erfuhre ich, war zu seyn, was Lutherus saget in der Vorrede über die Epistel an die Römer: Glaube ist ein göttlich werck in uns, das uns wandelt und neugebieret aus Gott Joh. 1, 12. und tödtet den alten adam, machet uns gantz andere Menschen, von Hertzen, Muht, Sinn und allen Kräfften, und bringet den H. Geist mit sich pp.«[10] Dieser Glaube ist von nun an die Francke motivierende und prägende Kraft, er ist das Geheimnis seines Erfolges. Er will den Zugang zu diesem existentiell verändernden, neu machenden und zu Aktivitäten in der Welt befreienden Glauben möglichst vielen Menschen erschließen. Dies ist aber nur im Rahmen der göttlichen Heilsordnung möglich, sie muß man kennen und beachten. Am Anfang eines jeden Bekehrungsprozesses steht deshalb die innere Umkehr, die Buße, ja ein zeitlich meist exakt datierbarer »Bußkampf«, wie Francke ihn in Lüneburg erlebt und erlitten hat. Es folgt die Bekehrung, die innere Wiedergeburt des Menschen, verbunden mit der Gewißheit seiner Rechtfertigung vor Gott. Das darauf sich entfaltende Christenleben ist vom Wachstum dieses Glaubens im Lebenskampf mit seinen vielerlei Anfechtungen und Prüfungen bestimmt. Dabei befreit der lebendige Glaube immer wieder neu den noch unvollkommenen Menschen zu Aktivitäten für den Nächsten. Weltverwandlung durch Menschenverwandlung wurde von daher zu Franckes Motto.

Durch die Bekehrung innerlich verwandelt, setzte Francke im Frühjahr 1688 seine Studien in Hamburg bei Johann Winkler (1642–1705), einem Anhänger Speners, fort. Sein Studium und seine ganze Entwicklung nahmen nun endgültig eine entschieden praktische Ausrichtung. Es war Winkler, der ihn ausdrücklich auf die Kinder, auf deren Heil und Wohl verwies, so daß Francke in Hamburg mit der christlichen Unterweisung kleiner Kinder begann.

Ende Februar 1689 nahm Francke nach einem zweimonatigen Besuch bei Spener in Dresden seine Lehrtätigkeit in Leipzig wieder auf. Er war jetzt ein anderer, fühlte sich als wahrhaft Bekehrter und Wiedergeborener. Das hatte Konsequenzen für seine Lehrtätigkeit. Mit anderen Magistern, besonders Paul Anton, hielt er wöchentlich ein Collegium philobiblicum. Die Bibel wurde bewußt praktisch-erbaulich ausgelegt, und es bestand die Möglichkeit zum Gespräch. Man sprach meist deutsch, nicht lateinisch. Das stellte eine Herausforderung akademischer Traditionen dar.

Nach dem Vorbild der Magister hielten bald auch Studenten Konventikel zur Bibelauslegung in Privathäusern ab, zu denen sich Bürger einfanden. Kreise von »wiedergeborenen Christen« bildeten sich. Die Theologische Fakultät war entschlossen, diese Entwicklungen nicht länger zu dulden. Gegen Francke wurde eine Untersuchung durchgeführt, man verhörte ihn. Der später berühmt gewordene Rechtsgelehrte Christian Thomasius (1655–1728) unterstützte Francke durch ein »Rechtliches Bedenken« und belegte die Rechtswidrigkeit des Verfahrens. In einer scharf gehaltenen »Apologie« an den sächsischen Kurfürsten wies Francke alle Anschuldigungen zurück und zeigte sich zum Kampf entschlossen. Der vorsichtige und diplomatisch handelnde Spener war entsetzt, denn man sprach längst von einer neuen »Sekte«, die in Leipzig entstanden sei. Sie hatte auch bereits einen Namen: die Pietisten.

Der Leipziger Professor für Poesie, Joachim Feller (1638–1691), versuchte diesen Spottnamen positiv aufzunehmen. In einem »Leichencarmen« auf den Tod eines der frommen Studenten aus dem Kreis um Francke schrieb er:

> »Es ist jetzt Welt-bekant der Nam der Pietisten /
> Was ist ein Pietist? Der Gottes Wort studirt /
> Und nach demselben auch ein heilig Leben führt /
> Das ist ja wol gethan / ja wol von jedem Christen.
> Denn dieses machts nicht aus /
> wenn man / nach Rhetoristen und Disputanten Art /
> sich auf der Canzel ziert.
> Und nach der Lehre nicht lebt heilig / wie gebührt /
> Die Pietät die muß vor aus im Hertzen nisten. ...«[11]

Pietist, von Feller als Ehrenname verstanden, blieb jedoch zunächst ein Schimpf- und Sektenname. Noch Jahre später, am 25. Februar 1706, schrieb Francke deshalb mit Blick auf den Pietisten-Namen: »Es hat ja der Läster-Geist vor einigen Jahren den Pietisten-Namen auf die Bahn gebracht, die Lehre von der Gottseligkeit damit zu beschmeissen, und diejenigen, so auf ein rechtschaffenes thätiges Christenthum dringen, einer Ketzerey und Sectirerey, ... durch solchen Namen schuldig zu machen.«[12]

Mit den jungen Leipziger Magistern unter der Führung Franckes trat eine neue Generation selbstbewußt und zukunftsorientiert zum Kampf für die maßgeblich durch Spener geprägten pietistischen Forderungen und ihre Verwirklichung an. Noch bevor die sächsische Regierung auf den Wunsch der Theologischen Fakultät einging, alle »pietistischen« Collegia und Zusammenkünfte zu verbieten, war Francke auf Reisen gegangen. Er besuchte Halle, Jena und Erfurt. In Lübeck erreichte ihn der Ruf auf die zweite Pfarrstelle der Augustiner-Gemeinde in Erfurt. Gegen mancherlei Widerstände hatte der Senior der Erfurter lutherischen Geistlichkeit, Joachim Justus Breithaupt (1658–1732), der Francke lebenslang eng verbunden blieb, seine Berufung durchgesetzt. In Erfurt war die kirchliche Lage schwierig. Die Stadt gehörte zum Erzbistum Mainz. Die ehemals berühmte Universität, an der auch Luther studiert hatte, befand sich im Niedergang.

Erste Dienstjahre

Francke war bei seiner Ordination und seinem Dienstantritt in Erfurt am 2. Juni 1690 27 Jahre alt. Mit jugendlichem Elan begann er die Gemeindearbeit im Sinne der Spenerschen Reformvorschläge. Er führte die Kinderkatechese ein bzw. intensivierte sie, bot sonntagsnachmittags Zusammenkünfte an, um den Inhalt der Predigt zu wiederholen und zu besprechen. Ein über seine Pfarrei hinaus reichender Kreis von Anhängern sammelte sich um ihn. Sehr rasch kam es zu Anfeindungen. Man warf ihm die Bildung pietistischer Konventikel vor; auch würde er die falsche Lehre verbreiten, wie dergeborene Christen könnten bereits auf Erden vollkommen werden und sündlos leben. Seine erfolgreiche Vorlesungstätigkeit an der Universität erregte ebenfalls Widerspruch. Gegen Francke wurden amtliche Untersuchungen eingeleitet. Die heftigen, auch literarisch geführten Auseinandersetzungen, in deren Verlauf es sogar zu Verhaftungen kam, endeten mit der Amtsenthebung Franckes und seiner Ausweisung aus Erfurt im September 1691 wegen Störung der öffentlichen Ruhe.

Francke ging zunächst zu seiner Mutter nach Gotha. Die dortige

Porträt von August Hermann Francke,
Ölgemälde von unbekannter Hand.

herzogliche Regierung protestierte beim kurmainzischen Statthalter in Erfurt energisch, wenn auch erfolglos, gegen das ihm widerfahrene Unrecht. Von Gotha reiste er über Quedlinburg und Halberstadt zu seinem Freund und Gönner Philipp Jakob Spener, der am 21. März 1691 als Propst und Konsistorialrat von Dresden nach Berlin berufen worden war. Der aufstrebende brandenburgisch-preußische Staat war der neuen, durch Spener repräsentierten innerkirchlichen Reformbewegung gegenüber positiv eingestellt. Außerdem versprach sich das reformierte brandenburgisch-preußische Herrscherhaus vom Pietismus Hilfe beim Abbau der scharfen konfessionellen Gegensätze.

Spener stieß mit seinem Vorhaben, dem stellenlosen, aber inzwischen durchaus bekanntgewordenen jungen Magister Francke eine Anstellung in Brandenburg-Preußen zu verschaffen, auf Verständnis. Er stellte Francke in Berlin einflußreichen Persönlichkeiten des Hofes vor und vermittelte Kontakte, die später für Francke sehr wichtig werden sollten. In dieser Situation erhielt er einen Ruf als Pfarrer und außerordentlicher Professor der Theologie nach Coburg. Eine rasche Entscheidung war nötig. Sie erfolgte nicht zuletzt unter dem Eindruck einer Predigt Franckes auf wichtige brandenburgische Regierungsmitglieder, unter ihnen der Minister Eberhard von Danckelmann (1643–1722). Francke wurde am 22. Dezember 1691 zum Pfarrer an die St. Georgen Kirche in Glaucha, damals eine selbständige Stadt unmittelbar vor den Toren Halles, berufen. Gleichzeitig erhielt er die Ernennung zum Professor der griechischen und der orientalischen Sprachen an der in Gründung befindlichen Universität Halle.

Francke ging nicht allein nach Halle. Sein Freund Joachim Justus Breithaupt hatte bereits 1691 eine Professur für Theologie übernommen, 1695 wurde Franckes Leipziger Kampfgefährte Paul Anton zum Theologieprofessor berufen. Damit war klar, daß in Halle eine »pietistische« Theologische Fakultät entstehen würde, die erste in Deutschland. Francke und seine Freunde mußten sich jedoch bewußt sein, daß in Halle weitere schwere Kämpfe auf unterschiedlichen Ebenen bevorstanden. Denn dort wie im säkularisierten Erzbistum Magdeburg, zu dem Halle gehörte, lehnte die überwiegende Mehrheit der Geistlichen die »Pietisten« ab, das Land war eine »Hochburg der lutherischen Orthodoxie«.[13]

Auch die wirtschaftliche und soziale Lage ihrer neuen Wirkungsstätte erwies sich als äußerst schwierig. Auf Halle lag eine Schuldenlast von 4 692 817 Talern; das bedeutete eine Verschuldung von 335 Talern pro Kopf der Bevölkerung, so daß 1717 die Stadt für bankrott erklärt wurde. 1681/82 hatte die Pest in Halle gewütet. In Glaucha sank durch die Pest die Zahl der Einwohner von 1200 auf 744. Es gab viele elternlose Kinder. Zwei Stadtbrände 1683/84 erhöhten das allgemeine Elend weiter. Teile der verelendeten Bevölkerung glitten immer mehr in asoziale Verhaltensweisen ab. Das zeigte sich besonders drastisch in Glaucha, das vor allem von der Branntweinbrennerei und der Stärkefabrikation lebte. Von den 200 Häusern der Stadt waren 37 Gastwirtschaften und Kneipen. »Die Sonntage benutzte man zu großen Gelagen. Tag und Nacht wurde dann vor der Kirche und in den Gasthöfen ›geschwelgt‹, d.h. getrunken bis zum Umfallen, getanzt und gerauft.«[14]

Das kirchliche Leben lag ebenfalls im argen. Nicht wenige Gemeindeglieder kamen sonntags angetrunken in die Kirche und schliefen dort ihren Rausch aus. Franckes Vorgänger, Pfarrer Richter, wurde wegen des Vorwurfs eines zugemuteten Ehebruchs gegenüber einem seiner Beichtkinder des Amtes enthoben. Besonders groß war das Elend der Kinder der Armen, niemand kümmerte sich um sie, es gab keine Armenschulen. Waisenkinder waren fast vollständig auf sich gestellt. Die orthodoxe Geistlichkeit kompensierte offenbar ihr soziales Versagen durch die Betonung der reinen Lehre und des rechtfertigenden Glaubens, ohne diesen Glauben auch real in der Liebe tätig werden zu lassen. Das stellte für Francke eine große Herausforderung dar, war er doch durch seine Bekehrung zu der Erkenntnis gelangt, daß nur ein lebendiger, tätiger, »geschäftiger« Glaube, der eine neue Geburt, eine Wiedergeburt des Menschen bewirkt, der vor Gott aus Gnaden rechtfertigende Glauben ist. Mit jugendlichem Eifer und kämpferischer Entschiedenheit ging Francke sofort daran, seine pietistischen Reformideale in Glaucha in die Tat umzusetzen.

2. Auf dem Höhepunkt seiner halleschen Wirksamkeit (1692–1714)

Am 7. Januar 1692 war August Hermann Francke in Halle eingetroffen. Einen Monat später, am 7. Februar, hielt er in der St. Georgen Kirche zu Glaucha seine Antrittspredigt, wenige Tage später am 15. Februar die erste Vorlesung an der Universität.

Er begann seine Arbeit in einer ihm mehrheitlich ablehnend und feindlich gesinnten Umwelt, war sich aber der Unterstützung durch die kurfürstliche Regierung in Berlin sicher. Einen Tag nach seiner Ankunft in Halle erging aus Berlin der Befehl an die Stadtgeistlichkeit, Francke und den ihm befreundeten Professor Breithaupt nicht als »Pietisten« zu diffamieren. Bei Streitigkeiten sollten das Konsistorium oder der Kurfürst angerufen werden, sie dürften keinesfalls in der Öffentlichkeit ausgetragen werden. Doch dieses Verbot blieb ein Stück Papier. Das Jahr 1692 brachte entgegen dem kurfürstlichen Befehl heftigste öffentliche Auseinandersetzungen und Streitigkeiten zwischen Francke und der Stadtgeistlichkeit. Francke war daran nicht unschuldig, widmete er doch seine ganze Kraft der Durchsetzung vielfältiger Reformvorhaben in seiner Glauchaer Gemeinde. Das reizte seine Gegner innerhalb und außerhalb Glauchas und Halles.

Francke stellte in der Glauchaer Gemeinde krasse Unwissenheit in Glaubensfragen und weitgehende sittliche Verwahrlosung fest. Beiden sagte er den Kampf an. Sonntags hielt er nach dem Gottesdienst Katechismusunterricht für die Kinder ab, an dem auch die Erwachsenen teilnehmen sollten. Seine Fürsorge galt sofort der sozialen Not armer Kinder. Ihnen stellte er aus den Kirchenkollekten das Schulgeld zur Verfügung. Er führte »Abendbetstunden« ein, die dem Spenerschen »Collegium pietatis« ähnlich waren. Professor Breithaupt hielt parallel dazu in Halle vielbesuchte »Exercitia sabbatica« ab. Sie waren zunächst nur für Theologiestudenten bestimmt, wurden aber bald auch für Bürger geöffnet. Diese Maßnahmen wie auch der wachsende Zulauf von Gliedern hallescher Gemeinden zu Francke nach Glaucha erregten den Widerspruch der halleschen Stadtgeistlichkeit und bestärkten sie in ihrem bereits gefaßten negativen Urteil.

Gemeindereform und Anfeindungen

Den Kernpunkt der halleschen Streitigkeiten bildeten jedoch Franckes Prinzipien für eine umfassende Gemeindereform. Er begann, um seine verwilderte Gemeinde zu bessern, Kirchenzucht zu üben. Ein geeignetes Instrument dazu schien ihm vorerst die Institution des Beichtstuhls zu sein, d.h. die durch die Kirchenordnung festgelegte Praxis für alle Gemeindeglieder, am Sonnabend vor dem sonntäglichen Abendmahlsgang in der Kirche vor dem Pfarrer ein Sündenbekenntnis abzulegen und daraufhin die Absolution zu empfangen. Francke erteilte – entgegen der verbreiteten Praxis – die Absolution nur nach einem persönlichen Gespräch mit seinen Beichtkindern. Hatte er den Eindruck, sie bereuten nicht wahrhaft und seien nicht bereit, ihr Leben zu ändern, verweigerte er die Absolution und die Abendmahlszulassung. Das führte zu schweren Verwicklungen, denn Francke scheute sich nicht, selbst angesehene Persönlichkeiten aus Glaucha zurückzuweisen. Auch Wirte, die die Sonntagsruhe nicht einhielten, schonte er nicht. Manche seiner Glauchaer Beichtkinder zogen es daraufhin vor, nach Halle zu gehen, wo sie von den Geistlichen anstandslos absolviert wurden. Diese opponierten teils offen, teils versteckt gegen Francke und erhoben eine Fülle von Vorwürfen.

Francke antwortete auf die von den halleschen Predigern gegen ihn erhobenen Beschuldigungen am 3. Juli 1692 mit seiner ersten großen Streitpredigt »Der Fall und die Wiederaufrichtung der wahren Gerechtigkeit«. Der ganze Katalog der gegen ihn gerichteten Vorwürfe wurde von ihm darin behandelt, so z.B., er predige eine neue Lehre und einen neuen Glauben voll heimlichen Giftes, er sei der Quäkerei, Phantasterei und des Enthusiasmus schuldig, seine Verkündigung mache die Leute traurig und melancholisch, seine Beicht- und Abendmahlspraxis sei zu hart, auch führe er heimliche Zusammenkünfte und Konventikel durch, ja ihm – dem Unverheirateten – werde vorgeworfen, er sei gegen den Ehestand. Selbst die Beschuldigung fehlte nicht, er lehre, »daß auch die Weiber predigen dürfen«.[15] Diese und andere Behauptungen entkräftete er und ging selbst zum Angriff über. Er nannte seine Gegner Heuchler und Pharisäer, nicht zuletzt auch deshalb, weil sie den schlechten und verfallenen Zustand der evangelischen Kirchen als einen blühenden ausgeben. »Solche Menschen betrachten etwan nur die äusserliche Ruhe und den weltlichen Frieden, dessen die sichtbare Kirche geniesse, und gedencken, wenn wir weder von Türcken noch vom Pabste verfolget, oder angefochten werden, und ein ieder in seinem Amte fein ruhig sitzen, guter Tage nach dem Fleisch geniessen, und Geld und Gut für sich und seine Kinder sammlen kan, so stehe es recht wohl um uns. Aber gewiß, wenn der Geist dieser Welt nicht ihre Augen verblendete, so würden sie sich dessen von Hertzen schämen, ...«[16] Francke ließ auch deutlich erkennen, daß er in der Frage der Kirchenzucht, der Nichtzulassung offensichtlich unbußfertiger Gemeindeglieder zum Abendmahl aus Gewissensgründen, auf seinem Standpunkt beharren müsse.

Die hallesche Geistlichkeit faßte diese Predigt als einen gegen sie gerichteten Angriff auf und reagierte entsprechend. Im Sommer

1692 kam zu den bereits vorhandenen ein neuer Differenzpunkt hinzu. Francke hatte sich über das Auftreten sogenannter »begeisterter Mägde« in Halberstadt, Quedlinburg und Erfurt in Briefen berichten lassen. Es handelte sich um das Phänomen, daß Frauen, meist aus der untersten sozialen Schicht, aber auch aus dem Adel (Rosamunde von der Asseburg), mit dem Anspruch auftraten, Offenbarungen zu empfangen. Mancherlei Aufsehen erregende Vorgänge wie Blutschwitzen waren damit verbunden. Francke sah zunächst in diesen »begeisterten Mägden« Gott am Werk. Die Abschriften der an Francke gerichteten Briefe, in denen er sich über all diese Geschehnisse informieren ließ, gelangten auf unrechte Weise an den Leipziger Magister Gabriel Christoph Marquart (1668 bis 1693), einen Gegner Franckes. Marquart ließ sie anonym drukken, aber so, daß die Leser annehmen mußten, Francke selbst sei der Herausgeber. Das kompromittierte ihn schwer. Schließlich kamen im Sommer 1692 gar noch zwei der bekanntesten Prophetinnen nach Glaucha zu Francke: Adelheit Sibylla Schwartz, geb. Röther (gest. 1703), eine aus Lübeck ausgewiesene Jugendfreundin Franckes, und Anna Maria Schuchardt, die in Gegenwart mehrerer Personen Blut schwitzte.

Gegner des Pietismus taten alles, um in der Öffentlichkeit den Eindruck zu erwecken, der Pietismus und die Inspirierten seien eine geistige Einheit, beide gehörten zusammen. Francke versuchte, diesem Eindruck entgegenzutreten durch die Schrift »Entdeckung der Boßheit«. Freilich schrieb er noch am 10. Dezember 1692 an Spener: Es mag die neuen Offenbarungen und charismatischen Phänomene »dem Teuffel oder der bloßen Natur zuschreiben, wer da wil, ich halte, daß Gott auff solche weise anfange, seine wunder kund zu thun und noch immer herrlicher herfürbrechen werde«.[17]

Neues Öl in das schon hell brennende Feuer goß einer der gehässigsten Feinde Franckes, der Archidiakon an der St. Ulrich Kirche, Albrecht Christian Roth (1651-1701), durch seine Schrift »Eilfertiges Bedenken«. Roth stellte Francke aufgrund seiner Kirchenkritik und seines Glaubens an unmittelbare göttliche Offenbarungen erneut als gefährlichen Ketzer und Sektierer dar. In dieser Situation griff im August 1692 der gerade zum Kanzler der Universität ernannte hochangesehene Gelehrte und Staatsmann Veit Ludwig von Seckendorf (1626-1692) in den Gang der Ereignisse ein. Er regte, frühere Pläne des Kurfürsten aufnehmend, die Einsetzung einer großen Untersuchungskommission an. Bereits am 27. November kam es zu einem Vergleich zwischen Francke und der halleschen Stadtgeistlichkeit. Er wurde in einer Kanzelabkündigung am 18. Dezember 1692 öffentlich mitgeteilt. Beide Seiten machten Kompromisse. Die Gegensätze waren aber nicht wirklich gelöst worden, sondern durch staatlichen Druck nur äußerlich überdeckt. Versuche, Francke von Halle wegzuloben und ihn zum Superintendenten in Calbe zu machen, scheiterten. Vor allem Spener verhinderte dies, unterstützt durch eine Eingabe von immerhin 120 Bürgern Glauchas an den Kurfürsten für den Verbleib Franckes.

Francke setzte, nachdem der Frieden zumindest äußerlich wiederhergestellt war, seine Reformbestrebungen in Glaucha zielgerichtet fort. Äußeres Zeichen dafür war u. a. die im Herbst 1693 erschienene Schrift »Glauchisches Gedenck-Büchlein / Oder Einfältiger Unterricht Für die Christliche Gemeinde zu Glaucha an Halle / Die Heiligung der Sonn- Fest- Apostel- Buß- und Bet-Tage / wie auch der Fasten-Zeit / die Wiederholung der Predigten / Catechisation, Wochen-Predigten / Betstunden / und insgemein die Handlung des Göttlichen Worts betreffend / Zur Erbauung und Besserung wohlmeynend dargereichet von M. August Herm. Francken«. Dieses später berühmt gewordene Unterrichtsbüchlein für seine Gemeinde gab Francke allen Familien bzw. Gemeindegliedern in die Hand.

Neben der Gemeindearbeit stand seine akademische Wirksamkeit. Seit dem Frühjahr 1693 hielt er für die Theologiestudenten Lectiones paraeneticae, Vorlesungen, die in erster Linie der Hinführung zur Bekehrung und einer christlichen Lebensführung gewidmet waren. Diese sehr erfolgreichen Vorlesungen hielt Francke bis an sein Lebensende. Sie wurden von ihm, später auch von seinem Sohn, gedruckt herausgegeben.

Ein wichtiger Einschnitt in Franckes persönlichem Leben war die Eheschließung mit Anna Magdalena von Wurm (1670–1734) am 4. Juli 1694. In ihr fand er eine Gehilfin und Partnerin, die sich seine Bestrebungen ganz zu eigen machte, obwohl sie lebenslang ihre religiöse Eigenständigkeit wahrte und zeitweise den mystisch-asketischen Ideen Johann Georg Gichtels (1638–1710) nahestand. An seinen väterlichen Freund Spener hatte Francke am 12. Mai 1694 geschrieben, daß ihm »unter allen Weibespersonen, so mir bekannt,

Porträt von Anna Magdalena Francke, geb. von Wurm.

keine fürkommen, welcher ich sowol zutrauen könnte, daß sie alle Trübsal und Schmach freudig übernehmen und auch selbst in dem Werk des Herrn mir nicht ohne Hoffnung eines großen Segens beistehen, auch hiernächst die häusliche Sorge über sich ergehen lassen könnte, als Frl. Anna Magd. Wurmin von Klein Furra bei Nordhausen ... , so habe ich mich im Namen des Herrn um dieselbe beworben, und auch sofort ein freudiges und getrostes Jawort von derselben vorgestern schriftlich erhalten«.[18] Aus der Ehe gingen eine Tochter und zwei Söhne hervor, von denen der ältere früh starb.

Beginn des Sozial- und Bildungswerkes

Mit dem Jahr 1695 trat das Reformwerk Franckes in Glaucha in eine neue Phase. Eine Spende von vier Talern und sechzehn Groschen um Ostern 1695 wurde für Francke zum Anlaß, ein umfassendes Sozial-, Bildungs- und Erziehungswerk für Kinder aus allen drei Ständen der Gesellschaft aufzubauen. Es waren die Waisenkinder und die Kinder der Ortsarmen, deren Not und Verwahrlosung sich Francke zunächst annahm.

Zum Kern- und Ausgangspunkt der sich nun vor allem auf der Basis von Spenden entwickelnden Glauchaschen Anstalten mit ihren zahlreichen Gebäuden und vielfältigen Einrichtungen wurde das 1698 begonnene und 1701 vollendete Waisenhaus. Abgesichert und auf ein festes juristisches Fundament gestellt worden, war die sich gestaltende Schulstadt durch das kurfürstliche Privileg vom 19. September 1698, das neben der Gewährung von Akzisefreiheit u.a. auch die Gründung erwerbender Einrichtungen wie Apotheke und Medikamentenversand, Buchhandlung und Buchdruckerei, aber auch von Handelseinrichtungen erlaubte. Der Aufbau von »Franckens Stiftungen« vollzog sich gegen den Widerstand der halleschen orthodoxen Geistlichkeit, die in den magdeburgischen Landständen Bundesgenossen fand. Ohne die Unterstützung der kurfürstlichen Regierung in Berlin hätte Francke sein Aufbauprogramm nicht verwirklichen können. Um diese Unterstützung mußte er immer wieder ringen; sie zu erhalten, bedurfte es stets einflußreicher Förderer und Fürsprecher am Hofe.

In den für die Grundlegung und den Aufbau seines Reformwerkes in Glaucha entscheidenden Jahren 1695 bis 1701 sah sich Francke einem Kampf nach mehreren Seiten ausgesetzt, der ihn aufs höchste forderte. Eine besondere Belastung mußte für ihn der unmittelbare Kampf in seiner Gemeinde darstellen, der von außen heftig geschürt wurde. Hier in der Gemeinde, in seinem eigentlichen Arbeitsfeld, war er, das wußten seine Gegner, am leichtesten angreifbar. Ernste Probleme kündigten sich schon an, als der bereits 1692 von Francke geäußerte Wunsch, einen Adjunkten (Gehilfen) für seine pfarramtliche Tätigkeit zu erhalten, 1695 vom Kurfürsten erfüllt wurde. Francke fühlte sich durch seine Funktionen als Gemeindepfarrer, Professor an der Universität und Direktor der neugegründeten Schulen und Einrichtungen bis an die Grenze seiner Kraft belastet. In Johann Anastasius Freylinghausen (1670–1739) war ein geeigneter »Gehilfe« gefunden worden. Er sollte die Nachmittagspredigten, die Hausbesuche und einen Teil des Beichtsitzens übernehmen. Eine finanzielle Belastung der Gemeinde entstand dadurch nicht.

Die alte St. Georgenkirche in Glaucha bei Halle,
Zeichnung aus dem 19. Jh.

Dennoch weigerte sie sich, Freylinghausen anzunehmen. Es bedurfte schließlich des entschiedenen kurfürstlichen Befehls (10. Dezember 1695), damit Freylinghausen seine Tätigkeit beginnen konnte.

Einen wichtigen Grund für das Zerwürfnis zwischen Francke und Teilen seiner Gemeinde bildete nach wie vor seine Abendmahls- und Beichtpraxis. Pietistischer Wortführer und radikaler Gegner der gängigen Beichtpraxis war ein Freund Franckes aus seiner Leipziger Zeit, Johann Caspar Schade (1666–1698), seit 1691 Diakon an der Nicolai-Kirche in Berlin. Er kam im März 1696 nach Halle, um Pate bei Franckes Sohn Gotthilf August zu stehen. Schade gab im Sommer 1696 unter Umgehung der Zensur eine Flugschrift heraus, in der er die Privatbeichte angriff und u. a. schrieb: »Es lobe / wer da wil / ich sage: Beicht=stuhl / Satans=stuhl: Feuer=Pful.«[19]

Durch Schade bestärkt, war Francke nun entschlossen, eine wirksame Reform des Beichtwesens zu erzwingen. Am 19. April 1696 hielt er eine Predigt über die »Erlassung und Behaltung der Sünden«. Francke schilderte die Gewissensnöte, in die ihn die gängige Beichtpraxis gebracht hatte. Der Widerstand in der Gemeinde hielt an; 60 bis 70 Gemeindeglieder gingen nach Halle zur Beichte und wurden dort absolviert, obwohl ein gegenteiliger Befehl des Konsistoriums vorlag. Im Herbst 1696 wollte das Konsistorium den Streit durch eine Untersuchungskommission schlichten lassen, doch ein nachhaltiger Erfolg war der Aktion nicht beschieden. Franckes Gegner in der Gemeinde schlossen sich unter der Führung eines Advokaten und unterstützt von den Pastoren der Glaucha unmittelbar benachbarten Moritzkirche zusammen. Am 12. September 1696 schrieb Francke an Spener in Berlin: »Ach wie gern wäre ich des Beichtstuhls gar loß, der mir gewiß mein leben noch verkürzet, so ich doch nicht achte, so nur mein armes Gewisen dabey unverlezet bleiben könte.«[20]

1697 widmete Francke in Ergänzung seines »Glauchischen Gedenkbüchleins« der Beichtproblematik eine 72 Druckseiten umfassende Veröffentlichung »Kurtzer und Einfältiger Entwurff / Von den Mißbräuchen Des Beichtstuhls«. Seine glauchaschen Erfahrungen flossen direkt und plastisch ein. Er nannte den traditionellen Beichtstuhl eine »Angst- und Marter-Banck aller treuen Knechte Gottes«, der vom Teufel zu einer »lustigen Zoll-Bude« für alle »Miethlinge und Bauch-Diener« gemacht worden sei.[21]

Die Fronten verhärteten sich weiter. Am 8. Sonntag nach Trinitatis, dem 14. August 1698, hielt Francke eine seiner berühmtesten Streitpredigten »Von den falschen Propheten« und ließ sie sofort drucken. Wieder hielt er der halleschen Geistlichkeit vor, die von ihm abgewiesenen Beichtkinder unbesehen zu absolvieren. Die halleschen Prediger bestärkten dadurch viele Menschen in falscher Sicherheit, Sündhaftigkeit und Pharisäismus. Das – nicht allein falsche Lehren – sei ein wesentliches Merkmal falscher Propheten. An ihren Früchten soll man sie erkennen!

In einer Predigt vom 2. Februar 1699 über das Kirchgehen schlug Francke in dieselbe Kerbe und warf der Stadtgeistlichkeit vor, sie predige den ihm entlaufenen Beichtkindern »falschen Trost und losen Kalk, damit sie ihr Wesen betünchten«.[22] Im Frühjahr 1699 verzichtete er auf das Beichtgeld, das die Beichtenden bei der Beichte zu entrichten hatten und das eine wichtige Einnahme der Prediger war. Auch diese Maßnahme forderte seine Widersacher heraus. Nun erhob das hallesche »Stadtministerium«, dem sämtliche Stadtgeistlichen angehörten, einmütig Klage gegen Francke beim Konsistorium und der Regierung des Herzogtums Magdeburg. Francke wurde des Amtsmißbrauchs und der Ehrabschneidung angeklagt.

Die Vorgänge wurden weit über Halle hinaus beachtet und bildeten einen wichtigen Aspekt im Kampf zwischen dem Pietismus und der lutherischen Orthodoxie. Franckes Streitpredigten fanden großen Absatz, Nachauflagen waren erforderlich. Auf die Klage gegen ihn reagierte Francke mit dem »Bekenntniß von dem Ministerio zu Halle in Sachsen«. Dadurch eskalierte der Streit weiter, übertraf doch Franckes Entgegnung alle seine bisherigen Äußerungen an Schärfe. Seinen Gegnern warf er vor, ihre Verkündigung sei kraftlos; während der acht Jahre, die er in Glaucha sei, hätten sie noch keinen einzigen Menschen bekehrt. Nichts unternähmen sie gegen die Unwissenheit in Glaubensdingen und gegen die Verwahrlosung der Jugend. Statt sich um die Armen zu kümmern, sammelten sie in den Gemeinden große Geldsummen für äußerliche Zwecke. »Wer läßt sichs wohl recht jammern, daß diese und jene Kinder bei dem Bettelstabe gross werden und dabei wohl an Leib und Seele verderben? wird nicht Gott dermaleinst von den Hirten fordern, ob sie für die Rettung solcher armen Schafe gewachet und Sorge getragen, welche sie nun in solcher Unordnung auf den Strassen herumlaufen lassen.«[23] Die Sonntagsheiligung läge im argen, die Beicht- und Abendmahlspraxis ohnehin. Auch den persönlichen Lebenswandel der Stadtpfarrer griff Francke an. Wie zu erwarten war, wies das hallesche »Stadtministerium« alle Vorwürfe zurück.

Im Sommer 1699 wurde die Lage für Francke, der voll mit dem Bau des Waisenhauses und den damit verbundenen finanziellen und organisatorischen Problemen beschäftigt war, kritisch. Die Magdeburger Regierung erklärte sich gegen ihn und versuchte, den Streit mit dem halleschen Ministerium an sich zu ziehen. Am 21. August 1699 reiste Francke, begleitet von seinem Freund Carl Hildebrand von Canstein (1667-1719), nach Berlin, um die Unterstützung des Kurfürsten und seiner Regierung zu erlangen. Francke hatte Erfolg. Die Magdeburger Regierung erhielt den Befehl, die Affäre niederzuschlagen. Diese – ebenso wie die hallesche Stadtgeistlichkeit – dachte aber nicht daran, sich zu fügen. Ihre Argumente blieben schließlich in Berlin nicht wirkungslos, die Position Franckes verschlechterte sich Ende 1699 erheblich. Minister Paul von Fuchs (1640-1704), aber auch Spener wollten Francke zum Einlenken bewegen, da ihrer Auffassung nach das Reich Gottes mit Sanftmut mehr gebaut werde als mit großem Eifer. Francke aber gab nicht nach, für ihn ging es um die Sache Gottes, nicht um persönliche oder taktische Fragen. Auf Speners Rat wurde eine kurfürstliche Untersuchungskommission eingesetzt. Sie begann ihre Arbeit am 13. April 1700 und stand unter Vorsitz des livländischen Generalsuperintendenten Johann Fischer (1636–1705), der 1701 Propst in Magdeburg wurde und dem Pietismus Sympathie entgegenbrachte.

Die Verhandlungen gestalteten sich sehr schwierig. Jetzt wurde auch die Theologische Fakultät in die Auseinandersetzungen einbezogen, an der Franckes Freunde und Gesinnungsgenossen Joachim Justus Breithaupt und Paul Anton (seit 1695) als Professoren lehrten. 1698 war Francke selbst, der bis dahin Mitglied der Philosophischen Fakultät war, zum Professor der Theologie berufen worden. Von einem Mitglied der Untersuchungskommission, Wolfgang Melchior Stisser (1632–1709), seit 1699 Inspektor der halleschen Stadtgeistlichkeit, wurde die Rechtgläubigkeit der Theologischen Fakultät ernsthaft in Frage gestellt. Das war ein schwerwiegender Vorgang, der die weitere Entwicklung der jungen halleschen Universität berührte und von daher die kurfürstliche Regierung beunruhigen mußte. Sie strebte entschieden einen Kompromiß an. Dieser wurde nach zweimonatigen schwierigen Verhandlungen im Sommer 1700 erreicht. Der »Recess« vom 24. Juni 1700 war eine Art Friedensvertrag zwischen Francke, der Theologischen Fakultät und dem Stadtministerium. Seine wichtigsten Ergebnisse wurden durch eine Kanzelabkündigung publik gemacht. Beide Seiten erklärten sich für »rechtschaffene Diener Christi«. Allerdings weigerte sich Francke aus Gewissensgründen, dies in seiner Gemeinde vorzulesen, und beauftragte Freylinghausen damit. Persönliche Fehler gestand er jedoch zu. Die halleschen Geistlichen versprachen u.a., in Zukunft die enge Verbindung von wahrer Reue, rechtfertigendem Glauben und seinen Früchten in ihrer Verkündigung zu berücksichtigen, den Katechismusunterricht und die Beichtpraxis zu verbessern sowie Francke und seine Freunde nicht länger als »Pietisten« etc. zu diffamieren. Die Berliner Regierung bestätigte den Rezeß und verbot darüber hinaus am 22. September 1700 jede öffentliche Lästerung des Pietismus.

Mit dem Rezeß von 1700 hatte Francke einen nachhaltigen Sieg über seine unmittelbaren Gegner in der glauchaschen Gemeinde wie in Halle und dem Herzogtum Magdeburg errungen. Es gab allerdings noch Nachhutgefechte. Auch sie gingen für Francke und sein Werk positiv aus.

Die auf Beschwerde der magdeburgischen Landstände im Oktober 1700 durch eine Kommission vorgenommene Untersuchung des Waisenhauses und der anderen Anstalten kam zu dem Ergebnis, daß Franckes Werk für das Land sehr nützlich sei und weiter gefördert werden müsse. Auch die Visitation seiner Gemeinde und des Schulwesens durch Johann Fischer im selben Jahr führte zu einem für Francke günstigen Ergebnis. So entlastet und im Grundsätzlichen seiner Arbeit bestärkt, ging Francke mit neuem Elan an die weitere Verwirklichung seiner zahlreichen Pläne.

Ein »Pflantz-Garten« für Deutschland und die Welt

Am 29. April 1701 wurde der stattliche Bau des Waisenhauses eingeweiht. Die Buchdruckerei konnte ihre Arbeit aufnehmen, die Apotheke arbeitete erfolgreich, so daß bald auch die Medikamentenexpedition in Gang kam. Die Veröffentlichung der bisherigen Geschichte des Waisenhauses und seiner Anstalten in den »Fußstapffen Des noch lebenden und waltenden liebreichen und getreuen GOTTES / Zur Beschämung des Unglaubens / und Stärckung des Glaubens« machte das Werk international bekannt und führten ihm neue Spender zu. Daß Francke die Krönung Kurfürst Friedrich III. zum König in Preußen (Friedrich I.) am 18. Januar 1701 mit einem großen Festgottesdienst und mit Elogen an den neuen König im Stil der Zeit mitgefeiert hatte, entsprach wohl nicht nur dem Prinzip der von ihm vertretenen »christlichen Klugheit«. Am 12. Oktober 1701 wurde Francke in die Berliner Akademie der Wissenschaften aufgenommen. Die Anregung dazu ging von dem großen Universalgelehrten Gottfried Wilhelm Leibniz (1646-1716) aus, mit dem Francke über dessen Universalpläne und den Gedanken einer China-Mission korrespondiert hatte.

Wie Leibniz dachte auch Francke nicht in lokalen und nationalen Dimensionen, seine Reformpläne hatten von Anfang an auf dem Hintergrund des weltweiten Heilsangebotes des Christentums globale Ausmaße. Dieser Ansatz durchzieht sein ganzes Werk. Die Glauchaschen Anstalten bildeten die Basis für die weltweiten Reformbestrebungen. Zur Schlüsselfigur wurde dabei der Gelehrte,

Staatsmann und Diplomat Heinrich Wilhelm Ludolf (1655–1712). Er lebte seit 1678 in London, besuchte von 1692 bis 1694 Rußland, bereiste 1698 bis 1700 den Vorderen Orient und stellte zahlreiche Kontakte her. Ludolf, der durch Spener mit dem Anliegen des Pietismus vertraut geworden war, vertrat den Gedanken der ecclesia universa, einer allgemeinen universalen Kirche. Er sah ihre Glieder durch einen lebendigen christlichen Glauben miteinander verbunden. Ludolf unterstützte im Rahmen spiritualistischer Ideen eine Erneuerung und – wenn möglich – Vereinigung aller christlichen Kirchen.

Im Herbst 1695 besuchte Ludolf nach seiner Rußlandreise Francke. Er bat ihn, der deutschen lutherischen Gemeinde geeignete Mitarbeiter nach Moskau zu senden. Dieser Bitte kam Francke nach. 1696 schickte er den ihm seit seiner Leipziger und Erfurter Zeit nahestehenden Theologen Justus Samuel Scharschmid (1664–1724), der damals als Hauslehrer in Livland tätig war, nach Moskau. Scharschmid, ein beweglicher und unruhiger Geist, war bis 1717 in verschiedenen Gegenden Rußlands im Sinne das halleschen Pietismus tätig. Er war es, der von Astrachan aus einen Kalmückenjungen, den seine Mutter aus Not für einen Sack Mehl verkauft hatte, nach Halle zur Erziehung sandte. Auch an dem Hilfswerk für die im nordischen Krieg gefangengenommenen schwedischen Soldaten in Sibirien (Tobolsk), die von Halle aus mit Erbauungsliteratur versorgt wurden, war Scharschmid maßgeblich beteiligt.

Weitere Mitarbeiter Franckes gingen nach Rußland und förderten dort tatkräftig Reformvorhaben. Ein Beziehungsgeflecht entstand, das hier nur angedeutet werden kann.

Welche Bedeutung Francke den Verbindungen nach Rußland beimaß, zeigt auch der Umstand, daß er nach einem weiteren Besuch Ludolfs (1697/98) selbst Russisch lernte. 1703 schaffte die Waisenhausdruckerei kyrillische Drucktypen an, um in Russisch drucken zu können. Auch Zar Peter der Große war längst auf Francke und sein Reformwerk aufmerksam geworden. Ende der neunziger Jahre kamen zweimal Abgesandte von ihm nach Halle. Einige junge Russen studierten hier. In die baltischen Gebiete des Russischen Reiches, nach Estland, Lettland und Litauen, wurden ebenfalls Verbindungen geknüpft, auch nach Böhmen, der Slowakei und ganz besonders nachhaltig nach Ungarn. Selbst nach Rumänien, Serbien und Bulgarien baute man Kontakte auf. Die im Verlag des Waisenhauses hergestellten Druckerzeugnisse in den jeweiligen Landessprachen spielten dabei eine wichtige Rolle, jedoch waren auch geschäftliche Interessen damit verbunden.

Francke war als Professor für orientalische Sprachen nach Halle berufen worden. Dem Orient galt allein schon von daher seine Anteilnahme. Es waren aber auch die orientalischen Kirchen, neben der griechisch-orthodoxen Kirche die sogenannten orientalischen Nationalkirchen, wie die koptische, äthiopische, armenische usw., deren Erneuerung im Geist eines bibelorientierten Christentums Francke am Herzen lag. Hierin stimmte er ebenfalls mit den Intentionen Ludolfs grundsätzlich überein. Ludolf stellte Verbindungen zu zum Teil sehr hochrangigen Vertretern dieser Kirchen her und ebnete Sendboten Franckes den Weg.

1702 gründete Francke das Collegium orientale theologicum. Sein Hauptzweck war, Theologen und Lehrer mit besten Kenntnissen in den biblischen Ursprachen auszustatten. Das Collegium diente in erster Linie der Intensivierung des Bibelstudiums. Von großer wissenschaftlicher Bedeutung war die von dem Orientalisten Johann Heinrich Michaelis (1668-1738) betreute und 1720 abgeschlossene Ausgabe der hebräischen Bibel. Aus dem Collegium sollten aber auch geeignete Mitarbeiter für die Kontakte mit den orthodoxen und orientalischen Kirchen hervorgehen. Zu den Lehrern gehörte zunächst der gelehrte Araber Salomon Negri aus Damaskus, später dann der Araber Rali Dadici aus Aleppo in Syrien. 1704 hielten sich fünf griechische Studenten in Halle auf. Auch Neugriechisch wurde gelehrt, und 1710 erschien in Halle das Neue Testament in der volksgriechischen und originalen altgriechischen Sprache. Leider hatte das Collegium orientale theologicum nicht lange Bestand.

Seine Reformvorhaben, die Francke bereits 1701 in dem »Projekt zu einem Seminario universali« niedergelegt hatte, faßte er 1704 in dem – allerdings unveröffentlichten – »Großen Aufsatz« noch einmal ergänzend zusammen. Die Reformideen Franckes gingen aber noch weit darüber hinaus und betrafen auch Einrichtungen im brandenburgisch-preußischen Staat. »Man fordert eine Reform der Justiz und zugleich ein allgemeines Gesetzbuch in deutscher Sprache. Es soll nicht mehr die ›Schikanen der Advokaten‹ unterstützen. Fromme Gelehrte haben es neu zu formen. Eine neue Prozeßordnung soll die Prozesse radikal abkürzen. Der gottesfürchtige, kluge und verständige Richter entscheidet, dem Ideal Franckes folgend, nicht nach den bloßen Buchstaben des Gesetzes, sondern Güte und Billigkeit lenken ihn. Es wird auf eine Unterscheidung zwischen einem äußeren und einem inneren Forum (Gerichtshof) gedrungen. Der hartherzige Gläubiger, der einen ins Unglück geratenen Schuldner gerichtlich zur Zahlung zwingt, obwohl er zur Zeit das Geld nicht benötigt, ist vor dem äußeren Forum im Recht, vor Gott aber, dem forum internum (= inneres Gericht), in schwerem Unrecht.«[24] Auch eine Armeereform, zu der der Verzicht auf Prügelstrafe und rohe Behandlung gehörte, hielt Francke für notwendig.

Das alles blieb Theorie! In Franckes Waisenhaus und seinen Anstalten wurden dagegen erste praktische Schritte zur Weltveränderung durch Menschenveränderung in Angriff genommen. Sie erregten inner- und außerhalb Deutschlands Aufmerksamkeit, so auch in Westeuropa und hier vornehmlich in England. Dort war es im Rahmen einer am Urchristentum orientierten Erneuerungsbewegung in der Anglikanischen Kirche 1678 zur Bildung innerkirchlicher »religious societies« gekommen, die mancherlei Parallelen zu pietistischen Gruppen aufwiesen. Wieder war es Heinrich Wilhelm Ludolf, der direkte Verbindungen herstellte. Er – wie auch Francke – wurden korrespondierende Mitglieder der 1699 gegründeten »Society for Promoting Christian Knowledge«, die sich besonders dem Aufbau von Armenschulen und der Verbreitung von Erbauungsliteratur widmete. Durch Ludolf wurden zwei junge Mitarbeiter Franckes an Armenschulen nach London vermittelt. Bedeutsamer wurde, daß einer der zum Spiritualismus neigenden Schüler Franckes, Anton Wilhelm Böhme (1673–1722), im Jahre 1705 als Prediger an die lutherische Kapelle des britischen Prinzgemahls Georg von Dänemark berufen wurde. Böhme wirkte in England im Geist des halleschen Pietismus, war als Übersetzer pietistischer Schriften tätig und gab 1705 Franckes »Fußstapffen« in Englisch heraus. Dadurch wurden Franckes Anstalten in England bekannt. Es gingen beachtliche Spenden ein, junge Engländer reisten zur Ausbildung nach Halle, so daß 1711 für ihre Unterbringung das Englische Haus gebaut wurde.

Böhme nahm sich in London auch der deutschen Auswanderer an, vor allem der seit 1708 aus ihrer Heimat vor den Franzosen fliehenden Pfälzer, die in Nordamerika siedeln wollten. So kamen pietistische Einflüsse in die »neue Welt«, was sich später als bedeutungsvoll erweisen sollte. Francke trat auch in direkte briefliche Beziehung mit Puritanern in Neuengland, so dem Bostoner Pfarrer Cotton Mather (1663-1728), der nicht nur das hallesche Waisenhaus mit Spenden unterstützte, sondern nach seinem Vorbild in Boston eine ähnliche Einrichtung gründete. Die später einsetzende »große Erweckung« in den nordamerikanischen Kolonien, mit ihren beträchtlichen und weitreichenden Auswirkungen nicht zuletzt im freikirchlichen Bereich, hat einige Wurzeln im halleschen Pietismus. Das sollte nicht übersehen werden.

Um diese vielfältigen Verbindungen aufrecht zu erhalten, zu vertiefen oder zu erweitern, bedurfte es einer umfangreichen Korrespondenz. Die Publikationen des Waisenhausverlages spielten ebenfalls eine wichtige Rolle. Francke konnte jetzt allerdings literarisch nicht mehr so produktiv sein wie in den neunziger Jahren. 1702/03 wurden die meisten seiner bisherigen kleineren Veröffentlichungen und Traktate in einer dreibändigen Ausgabe unter dem Titel »Oeffentliches Zeugniß vom Werk / Wort und Dienst GOttes« herausgegeben. 1704 folgten die »Sonn- Fest- und Apostel-Tags-Predigten« in ebenfalls drei Teilen. Abgesehen von Predigten und einigen Streitschriften sind nach 1702 als wirkliche Neuerscheinungen neben den Lectiones paraeneticae nur sehr wenige Schriften Franckes zu nennen (z.B. 1712 Idea studiosi Theologiae).

Das wohl aufsehenerregendste internationale Projekt Franckes war die ostindische Mission. Die Initiative dazu ging jedoch nicht von ihm, sondern von dem dänischen König Friedrich IV. (1671 bis 1730), der dem Pietismus nahestand, aus. Der König hatte den Plan, Missionare in die kleine dänische Niederlassung Tranquebar an der südindischen Malabarküste zu senden. Mission gab es bis dahin im Protestantismus, ganz im Gegensatz zu der bedeutenden Jesuitenmission in Lateinamerika und Asien, in nennenswertem Maße nicht. Die lutherische Orthodoxie war der Meinung, Jesu Missionsbefehl sei auf die apostolische Zeit beschränkt gewesen. Francke griff den Missionsgedanken des dänischen Königs auf. Er erfüllte dessen Bitte und sandte zwei junge Theologen, Bartholomäus Ziegenbalg (1682 bis 1719) und Heinrich Plütschau (1677-1746), über Kopenhagen nach Indien. Am 9. Juli 1706 landeten sie nach einer erlebnisreichen Fahrt um das Kap der Guten Hoffnung in Tranquebar.

Sie lernten die malabarische Landessprache und begannen unter großen Widerständen, nach halleschem Vorbild das erste evangelische Missionswerk aufzubauen. Dazu gehörten selbstverständlich auch Schulen. So entstand u. a. die wohl erste indische Mädchenschule.

Francke begleitete die Arbeit durch einen regen Briefwechsel, sparte nicht mit Zuspruch, aber auch nicht mit Kritik. Die Briefe der Missionare, die bis heute eine wertvolle Quelle für die Indienkunde sind, wurden teilweise bereits 1707 handschriftlich in der »Hallischen Korrespondenz« verbreitet, ab 1710 in den »Halleschen Berichten« – oft gekürzt – abgedruckt. Sie stießen auf reges Interesse in vielen Teilen Deutschlands und darüber hinaus. Der Missionsgedanke wurde dadurch in Deutschland, durch Übersetzungen ins Englische aber auch in Großbritannien, erheblich gefördert. Die ostindische Mission der »Dänisch-Halleschen-Missionsgesellschaft« lebte in hohem Maße von den Spenden der Leser der »Halleschen Berichte«. Aus ihrer Arbeit ging die heutige Evangelisch-lutherische Tamilenkirche hervor. Den Missionsgedanken machte sich von Halle ausgehend der Pietismus in all seinen Ausprägungen zu eigen. Zu nennen sind hier besonders die Bemühungen der von Nikolaus Ludwig Graf von Zinzendorf (1700–1760) im Todesjahr Franckes 1727 gegründeten Herrnhuter Brüderunität. Zinzendorf war ein Schüler des halleschen Pädagogiums.

Von weit in die Zukunft reichender Bedeutung war die Gründung der Cansteinschen Bibelanstalt. Carl Hildebrand von Canstein (1667–1719) hatte Francke im März 1697 in Berlin kennengelernt und war sehr bald zum eifrigsten Förderer des Werkes Franckes am Berliner Hof geworden. Von der lebenslangen Freundschaft mit Francke legt ein umfangreicher Briefwechsel Zeugnis ab. Canstein griff die Idee auf, einen wiederverwendbaren stehenden Drucksatz der Bibel herzustellen und so ihren Preis erheblich zu senken. Das notwendige Kapital stellte er zur Verfügung. 1710 nahm die Bibelanstalt ihre Arbeit auf; ihre Erfolge waren enorm, das zeigen ständig wachsende Auflagen. Zwischen 1720 und 1735 waren es 39 Auflagen des Neuen Testaments und der Handbibel, dabei wurden pro Auflage mindestens 5000 Exemplare gedruckt. Das Anliegen Luthers, jedem Christen den Zugang zur Bibel zu ermöglichen, fand erst jetzt annähernd seine Verwirklichung. Durch die moderne »Waisenhausorthographie« wurde außerdem die deutsche Sprachkultur gefördert. Zahlreiche fremdsprachige Bibelübersetzungen gingen in alle Welt mit dem Ziel, zur Erbauung und Reformation der weltweiten Christenheit beizutragen und Menschen für das Christentum neu zu gewinnen.

Die hier angedeuteten weltweiten Aktivitäten Franckes standen jedoch keinesfalls im Zentrum seines Wirkens im ersten Jahrzehnt des 18. Jahrhunderts. Seine Arbeit galt in erster Linie dem Aufbau und Ausbau des halleschen »Pflantzgartens«, seiner wirtschaftlichen und juristischen Absicherung. Dabei blieb er erfolgreich. Die brandenburgisch-preußische Regierung unterstützte seine Anstalten weiterhin. 1702 war Francke vom König im Zusammenhang einer Reise nach Berlin das Privileg für das Waisenhaus erneuert und erweitert worden. Der Bau des Gebäudes für das »Pädagogium regium« wurde materiell gefördert, außerdem räumte der König dem Pädagogium besondere Vorrechte ein. Auch die Gewährung des Zeitungsprivilegs im Jahre 1703 stellte einen besonderen königlichen Gunstbeweis dar, allerdings erschien die »Hallische Zeitung« erst 1708.

Erholung gönnte sich Francke, der Müßiggang und Zeitvergeudung als Sünde betrachtete, nicht. Seine Gesundheit litt darunter. Im Mai 1705 trat er auf Rat seiner Ärzte eine Reise nach Holland in Begleitung seiner engen Mitarbeiter Georg Heinrich Neubauer (1666 bis 1726) und Christian Friedrich Richter (1676-1711) an. Unterwegs predigte er, machte Besuche, stellte persönliche Kontakte her oder erneuerte sie. Er erhielt vielerlei Anregungen und sah sich durch mancherlei Erfahrungen in seinem Anliegen und seinem Weg bestätigt. So konnte er schreiben: »Ich versichere jedennoch, daß mir davon nichts vor Augen und zu Ohren kommen, daraus ich nicht einen guten Nutzen schopfen können, dem mir anvertrauten Lehramte ins Künftige soviel ernstlicher und weislicher durch die Gnade Gottes vorzustehen.«[25]

Nach drei Monaten kehrte Francke erholt nach Halle zurück und nahm seine Arbeit wieder auf.

1706/07 sah sich Francke noch einmal schweren öffentlichen Angriffen seiner orthodoxen Gegner ausgesetzt. Sie kamen nicht aus Halle, sondern von relativ weit her. Der Generalsuperintendent von Schwedisch-Pommern, Johann Friedrich Mayer (1650-1712), hatte 1706, als schwedische Soldaten infolge des Nordischen Krieges in

Sachsen standen, eine Schmähschrift herausgegeben: »Kurtzer Bericht von Pietisten«. Die Theologische Fakultät in Halle verwahrte sich dagegen, und Francke antwortete 1707 mit der im Verlag des Waisenhauses erschienenen Schrift »Gründliche und Gewissenhaffte Verantwortung«. Gegen Auswüchse im schwärmerischen Pietismus grenzte er sich im selben Jahr durch den Druck des »Antwort-Schreiben an einen Freund zu Regenspurg« ab.

Um Bedenken und Mißtrauen zu zerstreuen, fuhr Francke im Januar 1707 ins schwedische Hauptquartier nach Altranstädt, um Gespräche zu führen. Er lud den Beichtvater des schwedischen Königs nach Halle ein. Dieser besuchte das Waisenhaus, allerdings ohne erkennbare positive Auswirkungen für Francke. Durch Angriffe Valentin Ernst Löschers (1673-1749), des späteren sächsischen Oberhofpredigers, lebte auch der Kampf mit Vertretern eines orthodoxen Luthertums wieder auf. Ungeachtet seiner äußeren Erfolge mußte Francke seine theologischen Anschauungen und sein immer weiter wachsendes Werk stets neu verteidigen.

Auch das Verhältnis zum König und zum Berliner Hof bedurfte der ständigen Pflege und Aufmerksamkeit. König Friedrich I. hatte sehr bald erkannt, welche Bedeutung Francke und seinem Werk für Brandenburg-Preußen zukommen konnte und förderte es deshalb energisch. »Denn Francke verstand es, sich als geradezu idealer Untertan zu präsentieren. Von Beginn an machte er deutlich, dass er bei seiner Arbeit immer die Interessen des Landes im Blick hatte. Die Selbstlosigkeit seiner Ziele erleichterte es ihm, sich als staatstragender Untertan zu präsentieren, dessen Arbeit nicht dem persönlichen Fortkommen sondern ausschließlich dem Allgemeinwohl diente.«[26]

Als der König 1708 Halle besuchte, betrat er aber – angeblich wegen der vielen Kinder – das Waisenhaus nicht, sondern sah sich die Gebäude nur von außen an. Im Oktober 1709 wurde Francke von Königin Sophie Luise (1685-1735), der dritten Frau König Friedrichs I., nach Berlin gerufen. Ein Waisenhaus sollte gegründet und das Armenhaus reformiert werden. Man brauchte Franckes Rat. Die junge Königin neigte unter dem Einfluß ihres Hofpredigers Johann Porst (1668-1728) einem schwärmerischen, gefühlsseligen Pietismus zu. Francke, der drei Monate in Berlin bleiben mußte, wurde, als sich schließlich Symptome einer Geisteskrankheit bei der Königin zeigten, dafür mit verantwortlich gemacht. Kronprinz Friedrich Wilhelm (1688-1740) begegnete Francke mit Mißtrauen und Ablehnung. Erst durch die Vermittlung des Francke nahestehenden Generals von Natzmer wurde der Kronprinz, nachdem er 1711 Halle besucht hatte, für Francke und sein Werk gewonnen. Bald nach seiner Thronbesteigung am 12. April 1713 kam es zu einer persönlichen Begegnung zwischen Francke und Friedrich Wilhelm I., der die Stiftungen besuchte. In dem neuen König gewannen Francke und der hallesche Pietismus nun einen beständigen Förderer. Der König erneuerte sämtliche Privilegien.

Das Werk war jetzt endgültig gesichert. Durch rege Bautätigkeit, vor allem in den Jahren 1709 bis 1711, wuchs die Zahl der Anstaltsgebäude beträchtlich, das große Gebäude des Königlichen Pädagogiums konnte am 19. April 1713 eingeweiht werden. Der Aufbau der Schulstadt fand damit einen vorläufigen Abschluß. Die »Stadt Gottes« vor den Toren Halles hatte sich zu einem vielgestaltigen Organismus entwickelt, an dessen Spitze Francke als prägende Persönlichkeit stand, getragen und unterstützt von zahlreichen Mitarbeitern.

3. Die letzten Lebensjahre (1715-1727)

Während seines letzten Lebensabschnittes 1715 bis 1727 stand Francke auf dem Höhepunkt seines Erfolges. Er genoß innerhalb und außerhalb Deutschlands großes öffentliches Ansehen. Diese Zeit läßt aber auch die Grenzen seines Wirkens und die auf sein Werk zukommenden Probleme und Gefahren erkennen. Es wurde deutlich, der Aufklärung, nicht dem Pietismus gehörte die Zukunft.

Allerdings gerieten Franckes Feinde und Gegner, die es aus unterschiedlichen Beweggründen immer noch zahlreich gab, aus der Offensive zunehmend in die Defensive. In Halle war markantester Ausdruck dieser Entwicklung, daß die »Kirchenväter« von St. Ulrich Francke am 6. Dezember 1714 einstimmig zum Pastor wählten. Diese Wahl signalisierte einen bemerkenswerten Stimmungswandel im Umfeld seines unmittelbaren Wirkungsbereiches.

Die St. Ulrichskirche zu Halle, 1749.

Stadtpfarrer und Universitätsrektor

Die Berufung zum Pfarrer an St. Ulrich löste bei den meisten seiner Freunde trotz der damit verbundenen Anerkennung seines Wirkens im Geiste des Pietismus Besorgnis statt Freude aus. Auch Francke selbst, der sich nicht um die Pfarrstelle bemüht oder gar beworben hatte, stand dem Ruf zwiespältig gegenüber. Alle wußten, die Annahme der Pfarrstelle an der Ulrichskirche würde Francke völlig überfordern. Den unterschiedlichsten Aufgaben, die seine Ämter als Direktor der Anstalten, Professor der Theologie und Pfarrer in Glaucha mit sich brachten, konnte er schon jetzt nicht mehr in vollem Umfang nachkommen. Außerdem wurde er mit Anfragen, Briefen und Besuchen ständig geradezu überhäuft.

Sein Freund, Ratgeber und Mitarbeiter Carl Hildebrand von Canstein schrieb am 11. Dezember 1714 im Namen der Berliner Freunde an Francke, daß, wenn er die Berufung an St. Ulrich annehme, »ein weit größerer schaden als nutzen daraus erwachsen werde, ... indem ihnen ja notwendig damit eine mehrere last aufgeleget wird«.[27] Er fuhr fort: »Sie mögen sich praecaviren wie Sie wollen, So haben Sie mehreren umgang mit dem Ministerio, insgesambt, mit ihren Collegis insbesondere, mit dem Magistrat, mit der gemeinde. wie viel stunden zu tage werden alle diese ihnen wegnehmen. und wie zu sorgen, da man schon erkennet wie Magistratus gegen Sie gesinnet, mit nicht geringer krankung und schwachung des gemüthes ohne einen real nutzen dabey zu genießen.«[28] Die halleschen Mitarbeiter Franckes votierten ähnlich.

Auch Francke selbst sah die Schwierigkeiten und weitreichenden Konsequenzen und zögerte mit der Annahme des Rufes, doch glaubte er, in der Berufung eine göttliche Führung sehen zu müssen. Francke stellte Bedingungen. Er wollte einen Adjunkt, einen Gehilfen zur Entlastung von einigen seiner Amtspflichten haben und in den Stiftungen wohnen bleiben. Als Adjunkt schlug er seinen seit 1695 bewährten Mitarbeiter und Gehilfen im Glauchaer Pfarramt, Johann Anastasius Freylinghausen, vor. Es kam zu schwierigen Verhandlungen. Franckes Gegner in Halle blieben nicht untätig und versuchten, die Berufung zu verhindern. Ein Adjunkt wurde ihm schließlich bewilligt, auf den Umzug von den Stiftungen in das Pfarrhaus von St. Ulrich bestand die Gemeinde jedoch. Auch der König mußte gefragt werden und stimmte der Berufung zu, verlangte aber eine Regelung, die garantiere, »daß weder der Universität wegen der ihm [Francke] obliegenden Profession, noch auch den Anstalten zu Glaucha etwas abgehen möge«.[29] Um das zu erreichen, hielt Francke die Einsetzung eines Subdirektors in den Anstalten für notwendig. Auch dies wurde ihm vom König zugestanden. Daraufhin nahm er die Berufung an.

Am Sonntag Okuli (24. März 1715) hielt Francke die Antrittspredigt in St. Ulrich über das Reich Gottes. Feierlich in ihr Amt eingeführt wurden Francke und Freylinghausen erst am Himmelfahrtstag (30. Mai) 1715.

Der Umzug Franckes aus den Stiftungen in das Pfarrhaus von St. Ulrich erfolgte am 13. August 1715. Seine Frau blieb zunächst im Haus am Schwarzen Tor wohnen, sie folgte ihm erst im November nach. Zwischen dem Ehepaar Francke war es zu Verstimmungen gekommen. Grund dafür war weniger die Übernahme des neuen Amtes, als die auf Franckes Wunsch erfolgte Verheiratung seiner damals 17jährigen Tochter Johanna Sophia Anastasia mit dem 27 Jahre älteren Freylinghausen. Franckes Frau Anna Magdalena stand zu diesem Zeitpunkt unter dem Einfluß von Anschauungen des schwärmerischen Spiritualisten Johann Georg Gichtel, welcher die Ehe ablehnte. Der Umstand, daß Anna Magdalena Francke an der Hochzeit ihrer Tochter nicht teilnahm und zunächst auch allein in den Stiftungen wohnen blieb, erregte Aufmerksamkeit bei Freund und Feind. Für Francke stellte dieses offensichtliche Zerwürfnis sicherlich eine große, in dieser Art völlig neue Belastung dar. Ende 1715 war die Eintracht wieder hergestellt. Das wurde durch einen gemeinsamen Abendmahlsgang der Familien Francke-Freylinghausen öffentlich dokumentiert.

Seine vielfältigen Aufgaben, aber auch zunehmende gesundheitliche Probleme nötigten Francke zu Beginn des Jahres 1716, die Besetzung der Stelle eines Subdirektors der Stiftungen energisch in Angriff zu nehmen. Als Kandidaten für dieses wichtige Amt hatte er den Schwaben Johann Daniel Herrnschmid (1675–1723) benannt, der 1701 unter dem Dekanat Franckes Adjunkt der Theologischen Fakultät geworden war und mit Francke in engen freundschaftlichen Beziehungen stand. Herrnschmid war inzwischen Doktor der Theologie, Superintendent, Kirchenrat und Hofprediger im Fürstentum Nassau-Idstein. Sein Ruf nach Halle wurde mit dem Angebot einer Professur an der Theologischen Fakultät verbunden. Komplizierte Verhandlungen waren zu führen. Im April 1716 erfolgte die Berufung, im September 1716 trat Herrnschmid sein Amt an und bezog Franckes ehemalige Wohnung am Schwarzen Tor.

August Hermann Francke bedurfte besonders dringlich der Entlastung, da er am 12. Juli 1716 das Amt des Prorektors der Universität (Rektor war der König) übernehmen mußte. Er tat dies widerstrebend und gezwungenermaßen. Es handelte sich keineswegs um ein Ehrenamt. Da der Universität die Gerichtsbarkeit über die Studenten zustand, wurde der Prorektor auch mit den zahlreichen studentischen Händeln befaßt. Nicht wenige Studenten, vor allem unter den Medizinern und Juristen, führten keinen Lebenswandel im Sinne des Pietismus. Kurz vor Amtsantritt Franckes war es in zwei Schenken vor den Toren Halles, dem »Grünen Hof« und dem »Rosenthal«, zu Exzessen gekommen, bei denen 13 Studenten, ein Wirt, seine Tochter und eine Magd starben. Francke mußte sich amtlich damit beschäftigen. Diese Vorgänge griffen einige seiner orthodoxen Gegner auf und versuchten groteskerweise, Francke und den halleschen Pietismus dafür verantwortlich zu machen. Auch mit Werbern des in Halle stationierten Regiments des »alten Dessauers« kam es zu Schwierigkeiten. Francke bewies dabei, obwohl der »Soldatenkönig« Friedrich Wilhelm I. gerade auf diesem Gebiet sehr unnachsichtig war, Festigkeit. Dem lustigen Studentenleben, wie z.B. Schlittenfahrten mit »Paucken und Trompeten« in der Adventszeit, die ihm ein Ärgernis waren, konnte er jedoch nicht ernstlich Einhalt gebieten. Auch mußte er mancherlei äußere Rücksichten nehmen. Die Regierung in Berlin befürchtete, Francke könne zu streng gegen die Studenten vorgehen und dadurch dem Zulauf zur Universität Halle schaden. Diesen Verdacht wies er nach dem Ende seiner Amtszeit am 12. Juli 1717 in einem Schreiben an den König als dem Ehrenrektor der Universität zurück und betonte, unter seinem Prorektorat habe die Zahl der Studierenden zugenommen, ganz besonders aus den Kreisen des Adels. Gleichzeitig bat er um die Genehmigung einer sechswöchigen Erholungsreise, weil ihn die zusätzlichen Belastungen durch das Prorektorat »in eine solche Entkräftung des Leibes gesetzet, daß ich auch in diesem Winter und im Frühjahr ein und andermal alle publique Arbeit aussetzen müssen«.[30]

Reise nach Süddeutschland

Der von Francke erbetene Urlaub wurde erteilt. Am 29. August 1717 brach Francke von Halle aus zu einer Reise in das »Reich« auf, vor allem nach Süddeutschland. Als Erholungsreise geplant, wurde diese »Reise ins Reich« in erster Linie zu einer Missionsreise. Einen genauen Reiseplan gab es nicht, Francke wollte sich nach apostolischem Vorbild ganz von Gott lenken lassen. Er nahm mehrere Ballen Kleinschrifttums aus dem Verlag des Waisenhauses auf die Reise mit. Es begleiteten ihn – zumindest streckenweise – einige seiner engsten Mitarbeiter, so Georg Heinrich Neubauer (1666–1726), der erste Waisenvater und Helfer beim Aufbau der Stiftungen, und Heinrich Julius Elers (1667–1728), der Leiter der Waisenhausdruckkerei. Sekretär und Protokollant der Reise war der Student Johann Ulrich Christian Köppe (1694–1763). Auch seinen damals 21jährigen Sohn Gotthilf August nahm er mit. Seine Frau folgte ihm bis Eisenach. Stationen der weiteren Reise waren die Universitätsstadt Gießen sowie Frankfurt a. M. Von hier aus besuchte Francke dem Pietismus verbundene Grafen- und Fürstenhöfe in Wiesbaden, Idstein und Hachenburg. Überall wurde er wie ein Staatsgast aufgenommen. Der Präsident des Reichskammergerichtes, Graf Solms, lud ihn nach Wetzlar ein. Hier predigte Francke im Dom. Von Hessen reiste er nach Süddeutschland, seinem eigentlichen Reiseziel, weiter.

Besonders herzlich wurde Francke in der Reichsstadt Schwäbisch Hall begrüßt. Das üppige, feucht-fröhliche Ratsmahl behagte ihm aber ganz und gar nicht und gab ihm Anlaß zu deutlicher Kritik. Über welch großen Einfluß und über wie viele Freunde Francke im Württembergischen verfügte, kam anläßlich seines Besuches in Stuttgart auf spektakuläre Weise zum Ausdruck. Francke, der bei dem ihm befreundeten Hofprediger Samuel Urlsperger (1685–1772) wohnte, wurde vom Konsistorium um eine Predigt am 14. November 1717 in der ersten Kirche des Landes, der Stuttgarter Stiftskirche, gebeten. Da er aber dem regierenden Herzog Eberhard Ludwig (1676–1733), der im offenen Ehebruch lebte, keinen Besuch gemacht hatte, sondern nur der Herzogin, verbot der Herzog kurz vor Beginn des Gottesdienstes die Predigt. Die Empörung und der Widerstand in Stadt und Land waren so groß, daß der Herzog Francke in aller Form bitten ließ, am folgenden Sonntag die Predigt in der Stiftskirche zu übernehmen. Tübingen, Biberach, Blaubeuren und Ulm waren weitere Haltepunkte auf der Reise. In Ulm durfte Francke nach dem öffentlichen Angriff eines Mitgliedes der Stadtgeistlichkeit als erster auswärtiger Prediger im Münster vor ca. 7000 Zuhörern predigen. 1000 Predigthefte wurden in der angesehenen Reichsstadt von den Hallensern verteilt. Der mehrwöchige Aufenthalt in Ulm und seine weit über die Stadt hinaus reichende Resonanz bildeten einen ganz besonderen Höhepunkt der Reise. Reisebegleiter Köppe schrieb in einer in Franckes Auftrag verfaßten Denkschrift: »In summa, es ist gewiß, daß dies im ganzen Reiche ein sehr notabler Sieg pro causa Dei et Academia Halensi sei.«[31]

Über Augsburg, Nördlingen, Ansbach und andere Orte reiste Francke weiter nach Nürnberg. Dort predigte er zwar nicht, erhielt aber für das Waisenhaus eine Spende von 1000 Talern. Am 2. April 1718 traf Francke nach sieben Monaten wieder in Halle ein. Die »Reise ins Reich« hatte ihn ungeachtet aller Strapazen körperlich und seelisch wohlgetan, erholt und aufgebaut. »Insgesamt zeigt die Reise Francke auf dem Höhepunkt seiner Ausstrahlung in Deutschland.«[32] Durch die lange Abwesenheit war der Beweis erbracht, daß seine Mitarbeiter in der Lage waren, »Franckens Stiftungen« zumindest zeitweilig selbständig zu leiten, ihre Existenz also nicht unlösbar mit der Person Franckes verbunden war.

Der Erfolg seiner »Reise ins Reich« wirkte sich auf vielfältige Weise auch positiv auf die Anstalten aus. Das Spendenaufkommen wuchs, selbst die erwerbenden Einrichtungen konnten davon profitieren. So sind z. B. in den Jahren 1717 bis 1723 im Verlag des Waisenhauses über eine halbe Million Schriften, darunter etwa 350 000 Einzeldrucke Franckescher Predigten, hergestellt worden.

Dem Ansehen Franckes im evangelischen Deutschland kam es nach seiner so erfolgreichen Reise weiter zugute, daß es ihm durch intensive seelsorgerliche Gespräche gelang, dem 1717 zur römisch-katholischen Kirche übergetretenen Herzog Moritz Wilhelm von Sachsen-Zeitz im Herbst 1718 zur Rückkehr in die lutherische Kirche zu bewegen.

Auseinandersetzung mit Spätorthodoxie und Aufklärung

Mit Vertretern der lutherischen Orthodoxie gingen die Franckes Wirksamkeit seit Jahrzehnten begleitenden Auseinandersetzungen und Streitigkeiten auch in seinem letzten Lebensabschnitt weiter. Sie wurden jetzt kaum mehr von Francke persönlich geführt, sondern in erster Linie von seinen Mitarbeitern und Freunden, allen voran Joachim Lange, der seit 1709 Professor der Theologie in Halle war.

Der hallesche Pietismus, nach dem Tode Philipp Jakob Speners 1705 der Wortführer des lutherischen Pietismus, führte in der Person Langes zunehmend einen offensiven Kampf. Die Erfolge Franckes, das Ansehen sowie die internationale Ausstrahlung seiner Anstalten boten dafür günstige Voraussetzungen. Hinzu kam die Schwächung der lutherischen Orthodoxie durch Gegenreformation und Aufklärung. Zum bedeutendsten Gegner wurde Valentin Ernst Löscher (1673-1749), seit 1709 Superintendent und Konsistorialrat in Dresden. Er galt als Vertreter einer »frommen Orthodoxie«, hatte aber in der von ihm herausgegebenen Zeitschrift »Unschuldige Nachrichten« den halleschen Pietismus mehrfach angegriffen und sich 1707 sehr kritisch über das hallesche Waisenhaus und Franckes Anstalten geäußert. Theologisch warf er Francke vor, er mache die Frömmigkeit zur Voraussetzung wahrer Theologie. Löscher verweigerte Spener das Prädikat »selig«; er sah im Pietismus zwar keine Sekte, die aus der Kirche auszuschließen sei, aber ein »Religions-Übel«, ein Unkraut, das sich auf dem Acker der Kirche ausbreite.

Lange griff den Fehdehandschuh Löschers bereitwillig auf. Der Streit zwischen Löscher und Lange erreichte 1711 bis 1713 einen Höhepunkt und lebte 1717 erneut stärker auf. Es war Graf Nikolaus Ludwig von Zinzendorf, der neben anderen Persönlichkeiten 1719 Gespräche zwischen den Hallensern und Löscher mit dem Ziel einer Einigung anregte. Francke zeigte sich ablehnend, da er sich von Unterhandlungen mit dem aus seiner Sicht unbekehrten Löscher keine Erfolge versprach. Als Löscher jedoch Francke und die hallenschen Theologen wissen ließ, daß er sich am 10. Mai 1719 zu Gesprächen mit ihnen in Merseburg bereithalte, konnte und wollte Francke dieses Angebot nicht ausschlagen. Er reiste mit Herrnschmid, nicht aber mit dem sehr polemischen Lange, nach Merseburg und sprach mit Löscher. Die Hallenser beharrten dabei auf ihrer Bekehrungs- und Wiedergeburtstheologie, und auch Löscher war nicht bereit, in der theologischen Grundfrage nachzugeben. In Merseburg und bei den sich anschließenden Verhandlungen scheiterte der letzte große Versuch einer Verständigung zwischen Orthodoxie und Pietismus, an dem Francke beteiligt war. Das hatte sowohl für den Pietismus wie auch für die lutherische Orthodoxie weitreichende Konsequenzen. Nutznießer des Scheiterns der Gespräche war die Aufklärung, auch wenn der Pietismus, wie die Berufung eines Schülers Franckes, Bernhard Walter Marperger (1682 bis 1746), auf die wichtige Dresdner Oberhofpredigerstelle im Jahre 1724 zeigte, zunächst gegenüber der Orthodoxie weiter an Boden gewann.

Franckes persönliches Ansehen wurde vom Ausgang der Merseburger Gespräche und den weiteren fruchtlosen Diskussionen nicht berührt, war er doch den Einigungsgesprächen nicht ausgewichen und hatte für alle Beteiligten erkennbar Löscher höflich und zuvorkommend behandelt. Daß ihn 1719 die Theologische Fakultät Leipzig, von der er als junger Magister verwiesen worden war und die als ein Hort des orthodoxen Luthertums galt, zu einer Predigt in die Universitätskirche einlud, signalisierte augenfällig die Veränderungen in der unmittelbaren kirchlich-theologischen Lage und mußte für Francke selbst eine persönliche Genugtuung bedeuten.

Christian Wolff, Kupferstich.

Dem Ansehen Franckes – wenn auch nicht in Kreisen der Pietisten – schädlich war jedoch sein Verhalten in dem Streit mit dem halleschen Professor der Mathematik und Philosophie Christian Wolff (1679–1754), hinter dem fundamentale Gegensätze zwischen Pietismus und Aufklärung standen. Wolff entwickelte seit 1712 ein in sich geschlossenes philosophisches System auf der Basis der Vernunft, das den universellen Anspruch der Offenbarungstheologie, wie sie von Francke vertreten wurde, zugunsten einer auf Vernunftschlüssen aufgebauten Philosophie in Frage stellte. Offen traten die Gegensätze durch die Prorektoratsrede Wolffs im Jahre 1721 hervor. Wolff behauptete, die Ethik und Moral der Chinesen, die sie kraft der Vernunft entwickelt hätten, stünde der Ethik und Moral der Christen nicht nach, ja sie sei teilweise sogar besser. Damit bestritt er die Abhängigkeit der Ethik von der Offenbarung.

In dem sich an diese Rede und an die Überprüfung der Wolffschen Vorlesungen anschließenden Streit um grundsätzliche Fragen des Gottes-, Menschen- und Weltbildes war Joachim Lange Wortführer. Francke stand jedoch in der Sache hinter ihm und hielt die Wolffsche Philosophie für gottlos im Sinne seiner Offenbarungstheologie. Theologie und Philosophie wurden von ihm scharf getrennt. Als Francke schließlich »von den entsetzlichen Verführungen, so in den hiesigen Anstalten mit Gewalt durch seine [Wolffs] collegia eingedrungen« überzeugt war, erfüllte ihn dies nicht nur mit »Jammer und Herzeleid«, sondern signalisierte ihm auch, daß die Fundamente seiner Theologie, sein und seiner Freunde Einfluß an der Universität auf dem Spiel stand. Er wandte sich direkt an den König, vermutlich mit der Absicht, eine Einschränkung der Lehrtätigkeit Wolffs zu erreichen. Friedrich Wilhelm I. reagierte härter, als Francke angenommen. Er verfügte am 3. November 1723 die sofortige Amtsenthebung und Landesverweisung Wolffs, der zu diesem Zeitpunkt bereits einen Ruf als Professor nach Marburg erhalten hatte. 1740 wurde Wolff von dem aufgeklärten Friedrich II. nach Halle zurückberufen und erlebte damit einen späten Triumph.

Ausbau und Vollendung

Die sehr starke Inanspruchnahme Franckes durch seine Ämter, die wachsenden Anstalten und die breitgefächerte Korrespondenz in seinen letzten Lebensjahren erlaubten es ihm nicht, über seine Predigten und Vorlesungen hinaus umfassend literarisch tätig zu werden. Frühe Werke wurden jedoch in großer Zahl neu aufgelegt. Wirklich neu herausgegeben wurden Predigtsammlungen, so u. a. 1724 die »Sonn- und Fest-Tags-Predigten«, 1726 die »Catechismus-Predigten«. Auch zur Veröffentlichung einiger seiner Vorlesungen ging Francke im Anschluß an die Idea studiosi Theologiae von 1712 (lateinisch 1723) über (1716 Lectiones paraeneticae; 1717 Praelectiones hermeneuticae, Monita pastoralia). Im Verlag des Waisenhauses bildeten Franckes Schriften von Anfang an nur einen, wenn auch wichtigen Teil der Publikationen. Das Verlagssortiment war breit und vielgestaltig, die Buch- und Traktatproduktion stieg ständig. Besondere Bedeutung kam den deutsch- und fremdsprachigen preisgünstigen Bibelausgaben im Rahmen der Cansteinschen Bibelanstalt zu, beispielsweise erschien 1722 eine tschechische Bibel, 1726 eine neue polnische Bibelübersetzung in einer Auflage von 10 000 Stück. Große Aufmerksamkeit widmete Francke, nachdem er 1724 die Betreuung der Indienmission in Tranquebar persönlich übernommen hatte, auch dem Druck und Vertrieb der »Halleschen Berichte« aus der Mission. Die Halleschen Berichte spielten eine zentrale Rolle beim Ausbau des pietistischen Kommunikationsnetzes in Deutschland und Europa. Außerdem waren sie ein wichtiges Instrument beim Einwerben von Spenden.

Ein erneuter Besuch König Friedrich Wilhelms I. am 4. Oktober 1720, bei dem er alle Einrichtungen intensiv in Augenschein nahm, bestärkten ihn in der Förderung des Werkes. Der Ausbau der Anstalten ging auch im letzten Lebensjahrzehnt Franckes konsequent weiter. Neue Aufgaben und das allgemeine Wachstum des Werkes erforderten neue Gebäude und verbesserte Einrichtungen. Grundstücke wurden hinzugekauft. 1721 begann der Bau eines neuen Krankenhauses, 1726 wurde die Errichtung eines großen Bibliotheksgebäudes in Angriff genommen, und 1727 begannen die Arbeiten am »Bibelhaus«, in dem die Cansteinsche Bibelanstalt untergebracht werden sollte. Durch Geschenke und Vermächtnisse erheblich vermehrt, war der Bestand der Bibliothek auf 18 000 Bände angewachsen. Die sinnvolle Nutzung der Bibliothek zu Studienzwecken – auch interessierte Bürger und Nichtakademiker hatten Zutritt – erforderte einen eigenen Bibliotheksbau. Den Abschluß der Bauarbeiten an der Bibliothek und am Bibelhaus (1728) erlebte Francke nicht mehr.

Geldmittel zum Ausbau der Stiftungen standen jetzt reichlicher zur Verfügung als in der Anfangszeit. Was Francke demgegenüber zunehmend fehlte, waren geeignete Mitarbeiter. Aus pietistischen Kreisen wurde er von allen Seiten gebeten, junge Männer als Lehrer und Prediger zur Verfügung zu stellen, aber auch einflußreiche auswärtige Leitungspositionen galt es zu besetzen. Daß ihm dies trotz steigender Anzahl von Theologiestudenten im gewünschten Maße nicht mehr möglich war, schmerzte Francke sehr.

Eine große innere und äußere Belastung für ihn brachte der Tod wichtiger Freunde und Mitarbeiter mit sich. Bereits 1719 war Carl Hildebrand von Canstein gestorben. Besonders schwer traf Francke der Tod seines Stellvertreters Johann Daniel Herrnschmid, der am 5.

Gesamtansicht der Gebäude und Gärten der Franckeschen Stiftungen von Süden, um 1720.

Februar 1723 im Alter von 48 Jahren starb. Mit ihm verlor er einen seiner engsten und zuverlässigsten Mitarbeiter. Er bekannte, einen Freund verloren zu haben, den er »24 Jahre aufs Herzlichste geliebet, und noch dazu sonderlich in den letzten Jahren als einen so treuen Gehülfen, ja als meine rechte Hand, welches mein Wort von ihm gewesen, genossen habe«.[33] Nachfolger Herrnschmids als Subdirektor wurde Franckes Schwiegersohn Johann Anastasius Freylinghausen, der das Werk dann nach Franckes Tod, unterstützt von Gotthilf August Francke, bis zum Jahre 1739 leitete. 1726 verlor Francke mit Georg Heinrich Neubauer einen Mitarbeiter der ersten Stunde, der ihm geholfen hatte, das Waisenhaus und die Anstaltsgebäude zu planen und zu errichten.

Franckes Gesundheitszustand verschlechterte sich ab 1725 erheblich. Als er im März 1725 auf Befehl des Königs nach Potsdam reisen mußte, um die Einrichtung eines Militärwaisenhauses zu begutachten, erkrankte er auf der Rückreise. Er unterzog sich daraufhin von Mai bis September 1725 in Köstritz, der Residenz seines Freundes Graf Heinrich XXIV. von Reuß-Köstritz (1681-1748), einer Brunnenkur und ging im Mai 1726 zu einer Kur nach Pölzig auf das Gut des Grafen Erdmann Heinrich von Henkel-Donnersmark (1681-1752). Zu einer nachhaltigen Besserung kam es nicht, seine Kräfte ließen weiter nach. Im November 1726 erlitt Francke einen leichten Schlaganfall. Er war nicht mehr in der Lage, seine Amtsgeschäfte in der gewohnten Weise zu führen. Doch am 23. März 1727, seinem Geburtstag, konnte Francke seinem Freund Anton Hinrich Wallbaum (1696 bis 1753) mitteilen, daß durch eine Gebetserhörung eine deutliche Besserung seines Zustandes eingetreten sei: »Ich fieng an, am Leibe und Gemüthe, da ich jetzt nun 64 Jahr alt bin, mich munterer zu befinden, als ich mich etwa in der besten Blüthe meiner Jugend befunden habe, und noch continuirt diese Leibesstärkung täglich, wiewohl ich mich noch bis auf diese Stunde des Predigens, Collegiumhaltens und anderer angreifender Arbeiten enthalte, ...«[34]

Am 15. Mai 1727 hielt Francke noch einmal eine Vorlesung, an deren Schluß er die Studenten segnete. Ende Mai erkrankte er erneut schwer, er wurde von großen Schmerzen geplagt und verabschiedete sich am 31. Mai – des Todes gegenwärtig – von seiner Familie und seinen Freunden. Nach mancherlei erbaulichen Gesprächen und persönlichen Bekenntnissen starb August Hermann Francke am Abend des 8. Juni 1727 in seinem 65. Lebensjahr. Anna Magdalena Francke fragte ihren Mann kurz vor dessen Tod: »Sein Heiland würde ihm doch nahe sein?«, und er antwortete: »Daran ist kein Zweifel«.[35]

Am 11. Juni 1727 wurde August Hermann Francke in der Familiengruft auf dem Stadtgottesacker in aller Stille beigesetzt, am 17. Juni fand ein feierlicher Trauergottesdienst der Universität in der Ulrichskirche statt, am 22. Juni folgte ein weiterer in der Schulkirche. Die öffentliche Beteiligung war enorm. Auf einem Epitaph in der Familiengruft auf dem halleschen Stadtgottesacker war zu lesen:

> »Hier liegt der freie Frank, ein freier, kluger Knecht,
> Ein frommer Mann am Geist, im Wort, Werk und Geberden;
> Ein Wächter auf der Wart', ein guter Hirt der Heerden;

Ein Doctor, dem Gott selbst gelehrt sein Licht und Recht;
Ein Donner, der geschreckt der Sodoma Geschlecht;
Ein helles Licht der Welt, ein kräftig Salz der Erden;
Ein Vater Vieler, die durchs Wort geboren werden;
Der armen Waisen Rath, der Seel und Leib verpflegt; ...«

Mit Francke hatte der Pietismus seine nach Philipp Jakob Spener bedeutendste Persönlichkeit verloren, durch die er zu einer weit über den kirchlich-theologischen Raum hinausreichenden umfassenden Reformbewegung wurde, von der vielfältige praktische wie wissenschaftliche Impulse ausgingen, die weltweit wirkten.

Theologe – Pädagoge – Sozialreformer
Francke war in erster Linie Theologe. Da er aber durch und durch »praktischer Theologe« war, der in einer alle Bereiche des Lebens umfassenden Frömmigkeit den notwendigen Ausdruck wahren Glaubens und reiner Lehre sah, war Francke ebenso Pädagoge. Er wußte sich an Junge und Alte, Reiche und Arme, Gelehrte und Einfältige gewiesen. Die Sorge um das ewige Heil und das zeitliche Wohl seiner Mitmenschen, seiner Nächsten, stand im Zentrum aller Aktivitäten, war ihr Ausgangspunkt. Der Theologe und der Pädagoge waren von daher eng miteinander verbunden. Er war überzeugt, alle Menschen haben Erziehung nötig, gezielt muß sie jedoch naturgemäß vor allem bei den Kindern einsetzen. Unter ihnen ist den Waisenkindern und den Kindern der Armen, denen Erziehung und Bildung weithin versagt bleiben, besondere Aufmerksamkeit zu widmen.

Hauptziel Franckes theologisch-pädagogischer Bemühungen war es, den Menschen, ganz gleich ob Kind oder Erwachsener, zum lebendigen Glauben zu bringen. Im Glauben sah er die Grundlage und den Ausgangspunkt jeder dauerhaft positiven Entwicklung des Menschen und der Gesellschaft. Die Hinführung zur Bekehrung gehörte deshalb für ihn mit zum Prozeß der Erziehung. Aus diesem Grunde bleibt auch die Bildung der Erziehung nachgeordnet.

Wille und Verstand müssen im Erziehungsprozeß angesprochen, verbessert und bewegt werden.

»Die wahre Gemüths-Pflege gehet auff den Willen und Verstand. Wo man nur' auff eines unter beyden sein Absehen hat / ist nichts gutes zuhoffen. Am meisten ist wohl daran gelegen / daß der natürliche Eigen Wille gebrochen werde. Daher am allermeisten hierauff zu sehen. Wer nur deßwegen die Jugend unterrichtet / daß er sie gelehrter mache / siehet zwar auff die Pflege des Verstandes / welches gut aber nicht gnug ist. Denn er vergisset das beste / nemlich den Willen unter den Gehorsam zubringen / und wird deswegen endlich befinden / daß er ohne wahre Frucht gearbeitet. Hingegen muß auch der Verstand heilsame Lehren fassen / wann der Wille ohne Zwang folgen soll.«[36]

Auf diesem Hintergrund sind es für Francke »insonderheit« drei Tugenden, »welche man vor allen suchen muß denen Kindern bey noch zarten Jahren einzupflantzen / ... nemlich: Liebe zur Wahrheit / Gehorsam und Fleiß«.[37] Trotz religiöser und pädagogischer Einseitigkeiten in seinem Erziehungssystem, wozu u. a. die ständige Beaufsichtigung der Kinder gehörte, trat Francke immer wieder für eine Beachtung kindgemäßer und individueller Gegebenheiten bei der Erziehung ein, forderte er – wie sein Lehrer Spener in der Theologie –, auch in der Pädagogik eine »Mittelstraße« zwischen möglichen Extremen einzuhalten. Er war bemüht, die fortschrittlichsten pädagogischen Ideen seiner Zeit sich nutzbar zu machen und sie im Waisenhaus und den Schulen zu realisieren. Die Zahl seiner pädagogischen Schriften ist beeindruckend. In ihnen findet sich »eine fast unübersehbare Ansammlung von Erziehungshinweisen und -vorschriften«, »die auf eine ideale Erziehungsatmosphäre zwischen autoritärer Normsetzung und liebevoller Zuneigung, Fürsorge verweisen«.[38]

Hinzu kommt: »Eine besondere Qualität des Unterrichts in den Stiftungen machte gegenüber den anderen zeitgenössischen Schulen wohl auch die umfängliche Einbeziehung der ›Realia‹, der Naturwissenschaften, aus«.[39] Francke setzte inhaltlich »einen besonderen Schwerpunkt auf die Vermittlung von Handfertigkeiten. Drechseln, Glasschleifen, Arbeiten mit Pappe, Gartenarbeiten und Haushaltskenntnisse für die Mädchen waren typisch für die Lehrpläne im Halleschen Pietismus. Einen zweiten Akzent setzte er, indem er das methodische Prinzip des Anschauungsunterrichts auf die herkömmlichen Fächer ausdehnte. So standen z. B. für den Religionsunterricht später mehrere große Modelle zu Verfügung. Dort waren biblische Bauten und Landschaften detailliert nachgebildet. Daran wurden den Schülern biblische Szenen und Sachverhalte plastisch vor Augen geführt. So fand die Realienkunde Eingang in den Religionsunterricht.«[40]

Die Arbeit spielte in der pädagogischen Konzeption Franckes als Ort der Anwendung, Übung und Vertiefung des erlangten Wissens eine große Rolle; man hat seine Pädagogik auch als »Arbeits- und Berufspädagogik« bezeichnet. Die von Francke angelegten Werkstätten, das Naturalienkabinett, das astronomische Observatorium, aber auch der botanische Garten gehörten mit innerer Notwendigkeit zu seinem Erziehungskonzept. Daß darin den Lehrern eine wichtige Aufgabe zukam, fand seinen Ausdruck nicht zuletzt im ständigen Bemühen Franckes, gute Lehrkräfte zu gewinnen, sie weiterzubilden und sie zu befähigen, den Kindern »mit Lust« etwas beizubringen.

Die Theologie Franckes war Bekehrungstheologie. »Das unerschütterliche Fundament seiner Theologie und Frömmigkeit war sein Bekehrungserlebnis.«[41]

Die Heilsordnung, die »Ordnung Gottes«, fordert die Bekehrung des Menschen, den Tod des alten Adam, damit der neue Mensch in der Wiedergeburt auf der Basis der Rechtfertigung allein aus dem Glauben und der Gnade Gottes entsteht und sich in einem Prozeß des Wachstums des Glaubens ständig erneuert. Francke teilte voll Luthers Definition des Glaubens als eines »lebendigen, tätigen und geschäftigen Dinges«. Er verlangte totale Hingabe, es gibt keine Neutralität, auch nicht in den Fragen des täglichen Lebens. Francke ist hier radikal und einseitig, er lehnte die lutherische Lehre von den »Mitteldingen«, die an sich weder gut noch böse sind, ab und konnte deshalb scharf gegen weltliche Vergnügungen, gegen Tanzen, Theaterspielen etc. vorgehen. Diese Einseitigkeit hat dem Pietismus enorm geschadet, ihn anfällig für Muckertum und Pharisäismus gemacht, ihm den Zugang zu großen Kreisen »fröhlicher« Christen versperrt. Eine derartige Enge ist zwar bei Francke klar angelegt, wurde aber durch seine große Persönlichkeit gemildert und entfaltete erst später voll ihre negativen Auswirkungen. Seine grundsätzliche Weltzugewandtheit, seine Aktivitäten um Weltverwandlung durch Menschenverwandlung im Lichte des kommenden Reiches

Zur Sonne aufsteigende Adler. Kupferstich aus dem Band der Epicedia oder Klag- und Trost-Carmina auf den Tod von A. H. Francke 1727.

Gottes, der »Hoffnung besserer Zeiten«, wurden dadurch nicht entscheidend beeinflußt.

Grundlage und Kern des Christentums sah Francke allein in der Bibel. Sie ist die Quelle wahren Glaubens. Im rein formalen Umgang mit der Bibel sieht er die eigentliche Ursache für ein nur äußerliches Christentum, für den Verfall der Kirche und die Fülle der unbekehrten, nicht wiedergeborenen »Namenschristen«.

Seit Franckes Bekehrung in Lüneburg stand das Bemühen, die Bibel in der Christenheit wieder zum Zentrum theologischer Arbeit, zur Lebensmitte und zum Quell der Frömmigkeit für einen jeden Christen werden zu lassen, im Mittelpunkt seiner vielfältigen Reformbemühungen. Er vertrat das Prinzip, man darf nicht bei der Betrachtung der Schale der Bibel, einer gelehrten vordergründig historisch-kritischen Auslegung, stehenbleiben, man muß zu ihrem Kern vordringen. Dazu bedarf es dreierlei: des Gebets, der umfassenden äußeren und inneren Betrachtung sowie der Anfechtung des Menschen im täglichen Glaubensleben. Erst diese drei Dinge machen einen wahrhaften Gottesgelehrten. Francke war dabei keineswegs wissenschaftsfeindlich, er förderte entschieden das Lernen der biblischen Originalsprachen, auch die Auslegung im wissenschaftlichen Sinn. Doch das waren für ihn nur wichtige Vorstufen, er wollte nicht dabei stehenbleiben, sondern zum Kern der Schrift, der Offenbarung, vordringen. Der Pietismus war eine Bibelbewegung und ist es durch den Einfluß des Bibeltheologen Francke auch geblieben. Für Mystik und Spiritualismus war Francke offen, in jungen Jahren mehr als im Alter, er blieb jedoch stets ein gläubiger, bibelbezogener Realist. Nicht die reine Lehre im Sinne der lutherischen Orthodoxie ist für die wahre Kirche konstitutiv, sondern der wahre, aus Wort und Geist der Bibel erwachsene Glauben. Er führt zwangsläufig zur reinen Lehre, zur wahren Kirche und ruft zum Dienst in der Sache des Reiches Gottes.

Francke hat keine überragenden Schüler und Nachfolger, weder auf theologischem, pädagogischem noch sozialreformerischem Gebiet. Aber seine Persönlichkeit, sein Lebenswerk, auch sein literarisches Lebenswerk, waren bedeutend genug, um über Jahrhunderte weiter zu wirken, impulsgebend zu bleiben und immer neu Menschen auf der Basis des Glaubens für den Dienst am Nächsten zu gewinnen. Durch das Waisenhaus, durch »Franckens Stiftungen« mit ihren vielgestaltigen Arbeitsfeldern gewannen die Reformideen und Reformanliegen des halleschen Pietismus auf Dauer Gestalt und konnten weit über Franckes Tod hinaus in die Zukunft wirken.

II. Die Glauchaschen Anstalten – Franckens Stiftungen (1695–1727)

Eine Sammelbüchse in der Wohnstube des Pfarrhauses von Glaucha, zwei Sätze aus der Bibel und das unerschütterliche Vertrauen eines jungen Pfarrers und Universitätsprofessors auf Gottes Verheißungen stehen am Anfang der Glauchaschen Anstalten, von Franckens Stiftungen, der Franckeschen Stiftungen, wie sie schließlich genannt wurden.

Francke schrieb unter die Sammelbüchse die Bibelworte: »Wenn aber jemand dieser Welt Güter hat und sieht seinen Bruder darben und schließt sein Herz vor ihm zu, wie bleibt die Liebe Gottes in ihm?« (1 Joh 3, 17). Und mit Blick auf die Höhe der Spenden wählte er die Worte aus dem 2. Korintherbrief (9,7): »Ein jeglicher nach dem Willen seines Herzens, nicht mit Unwillen oder aus Zwang; denn einen fröhlichen Geber hat Gott lieb.«

Doch nennenswerte Geldgaben blieben zunächst aus. Erst nach einem Vierteljahr, um Ostern 1695, »gab eine gewisse Person auff einmal vier Thaler und Sechzehen Groschen hinein«. Die weitere Entwicklung hat Francke selbst so beschrieben:

»Als ich dieses in die Hände nahm / sagte ich mit Glaubens-Freudigkeit: Das ist ein ehrlich Capital / davon muß man etwas rechtes stifften / ich will eine Armen-Schule damit anfangen. Ich besprach mich nicht darüber mit Fleisch und Blut / sondern fuhr im Glauben zu / und machte noch desselbigen Tages Anstalt / daß für zwey Thaler Bücher gekaufft wurden / und bestellete einen armen Studiosum, die armen Kinder täglich zwey Stunden zu informiren / dem ich wöchentlich sechs Groschen dafür zu geben versprach / der Hoffnung / Gott werde indessen / da ein paar Thaler auff diese Weise in acht Wochen ausgegeben wären / mehr bescheren. Die Bettel-Kinder nahmen die neuen Bücher mit Freuden an / aber von sieben und zwantzig Büchern / die unter sie ausgetheilet worden / wurden nicht mehr als vier wiedergebracht / die andern Kinder behielten oder verkaufften die Bücher / und blieben weg. Ich ließ mich das nicht abschrecken / sondern kauffte für die übrigen sechzehen Groschen auffs neue Bücher / welche mir die armen Kinder allezeit / wenn die Schule aus war / mußten da lassen / wozu etliche Wochen darnach ein eigener Schranck gemacht ward / daraus die Bücher bey Anfang der Schule genommen / und / wenn sie aus war / wieder darinnen verschlossen wurden ...«[42]

Eine kleine Summe wurde zum Stiftungskapital für ein großes Werk. Francke sagte es klar und präzis: »... sieben Sechzehn-Groschen-Stücke / sind der rechte Anfang und das erste Capital / woraus nicht allein zuerst die Armen-Schulen angerichtet / sondern auch so fort hernach das Waysen-Hauß veranlasset und erwachsen ist.«[43]

Das Ur- und Grundkapital der Franckeschen Stiftungen kommt von einer Frau. In diesem Sinn gibt es nicht nur einen Stifter, sondern auch eine Stifterin der Franckeschen Stiftungen. Es gehört zu den Merkwürdigkeiten der Geschichte, daß ihr Name nirgends genannt wird. Es ist Christine Sophie Rittmeyer, die Frau des späteren Kommissionsrates und Universitätsquästors Ernst Heinrich Knorr, die jene ebenso segensreich wie berühmt gewordenen »sieben Sechzehn-Groschen-Stücke« als fröhliche Geberin in die Sammelbüchse legte.

Die Armenschule unter der Leitung eines Theologiestudenten erwies sich bald als Erfolg. Weitere kleine Spenden gingen ein. Schon nach Pfingsten 1695 wollten auch einige glauchasche Bürger ihre Kinder gegen eine geringe Gebühr von dem jungen »Lehrer« unterrichten lassen. Im Sommer lag die Zahl der Schüler schon zwischen 50 und 60. Eine große Spende von 500 Talern, die auch zur Förderung armer Studenten gedacht war, ermöglichte Francke, weitere Studenten als Lehrer einzusetzen und so den Dienst an den Kindern mit der Unterstützung bedürftiger Studenten zu verbinden, also »daß biß auff diese Stunde die armen Studiosi der Wohlthat des Waysen-Hauses mit theilhafftig sind«, kann er 1701 schreiben.[44] Diese Verbindung prägte sein Werk nachhaltig und erwies sich als ebenso segensreich wie nützlich.

Von außerhalb, aus Kreisen des pietistischen Adels, wurde Francke gebeten, mittellose tüchtige Studenten als Hauslehrer zu vermitteln. Da er nicht auf seine besten Mitarbeiter verzichten wollte, forderte er die Anfragenden auf, ihre Kinder nach Halle zu senden und hier unterrichten zu lassen. Um Pfingsten 1695 nahm das »Pädagogium« (seit 1702 Pädagogium regium) seine Arbeit auf. Es wurde von Kindern der »höheren Stände«, adligen und bürgerlichen, besucht. Die Eltern trugen voll die Kosten. Der von Francke erstrebte »Pflantz-Garten« zur Erziehung von Kindern aus den drei Ständen der damaligen Gesellschaft (Haus-, Lehr-, Regierstand) in einem dreigliedrigen Schulsystem als Ausgangspunkt für eine umfassende Kirchen- und Gesellschaftsreform nahm deutliche Konturen an.

Die Zahl der zu unterweisenden Kinder wuchs. Im Herbst 1695 mußte Francke allein schon aus Raumgründen eine Neuorganisation der bisherigen Schule vornehmen. Er gründete eine Armen- und eine Bürgerschule. Als er sah, daß durch das soziale Umfeld, vor allem der Waisenkinder, das in der Schule Aufgebaute wieder zerstört wurde, entschloß er sich, einige Kinder gegen Bezahlung in Familien unterzubringen. Das war der erste Schritt zur Errichtung eines Waisenhauses. Francke erkannte, daß eine solche Einrichtung unbedingt notwendig war, wollte er den Waisenkindern wirklich und nachhaltig helfen. »Also waren die armen Waysen eher da / als ihnen ein Hauß erbauet / oder gekauffet war.«[45] Die Waisenkinder, im Dezember 1695 waren es 9, unterstellte Francke der Aufsicht des Theologiestudenten Georg Heinrich Neubauer. Neubauer, selbst Sohn eines armen Bauern, wurde zum wichtigen und unentbehrlichen Helfer Franckes beim Aufbau des Waisenhauses und der Anstalten.

Das Waisenhaus

Dem Jahr 1695 kommt entscheidende Bedeutung für das pädagogische und soziale Werk Franckes zu. Aus den damals gelegten Grundlagen entwickelten sich, allerdings unter schweren Kämpfen, in einem atemberaubenden Tempo die großen Glauchaschen Anstalten. Eine Fülle interessanter Details wäre zu nennen. Wir müssen uns auf wesentliches beschränken.

Durch Ankauf und Ausbau eines Hauses neben dem Glauchaer Pfarrhaus konnten um Pfingsten 1698 die Waisenkinder, inzwischen waren es 12, in einem eigenständigen Haus untergebracht werden, es gab nun wirklich ein Waisen*haus*. Namhafte Spenden hatten dies möglich gemacht. Als auch die Spenden für den Unterhalt armer Studenten zunahmen, richtete Francke am 13. September 1696 die ersten Freitische, zunächst für 23 Studenten, ein. Die Studenten waren verpflichtet, die wachsende Zahl der Schüler zu unterrichten. So gewann Francke ohne das Risiko, auf Dauer ernsthafte Fehlgriffe bei der Wahl der Pädagogen zu machen, tüchtige Lehrer für seine Schulen, eine Praxis, die sich außerordentlich bewährte. Ein weiteres Haus mußte gekauft werden. Die finanzielle Absicherung des Ganzen war nicht gegeben, man lebte von Spenden und damit von der Hand in den Mund. Im Juni 1697 informierte Francke in einer kleinen Schrift, der »Historischen Nachricht«, die Öffentlichkeit über das Entstehen der Schulen und über die Armenfürsorge in Glaucha. Er wollte damit Verdächtigungen und Gerüchten entgegentreten, die seine orthodoxen Gegner reichlich ausstreuten. Gleichzeitig konnte er auf diese Weise auf seine Projekte aufmerksam machen und um Spenden werben. Immer wieder betonte er in diesem Zusammenhang, daß es sich bei all dem nicht um ein menschliches Werk, sondern, wie er durch viele Erfahrungen belegt, um ein auf dem Glauben beruhendes Werk Gottes handelt.

> »Die Welt hat bald sobald anders vom dem Werck judiciret / und Gott durch ihr Urtheil seiner Ehre / die ihm in dem Werck gebeuret / beraubet. Aber das erduldet man gerne / und wuenschet ihnen erleuchtete Augen / Gottes Werck zu erkennen / damit sie tuechtig werden / seinen heiligen Nahmen gebuehrend zu loben und zu preisen.
> Wer es nicht vor GOttes Werck / sondern vor ein bloß Menschliches Fuernehmen erkennet / der gehe hin / und thue desgleichen / und sehe dann zu / ob er vorher die Kosten ueberschlagen / und ob ers auch habe hinaus zu fuehren. Was aber GOTT anfaenget / das kan er auch vollenden / und die an ihn glauben sind nur die Werckzeuge / die von seiner Hand gebrauchet werden / und geben ihm die Ehre / wohl wissend / daß sie ohne ihn nichts thun können.«[46]

In diesem Sinne wirkte Francke unermüdlich weiter. Ein Beleg dafür ist auch die »Glauchische Almosenordnung« vom Sommer 1697.
Das Erziehungswerk Franckes hatte längst eine Eigendynamik

entfaltet. Es fehlte überall an Platz. Der Bau eines Waisenhauses war erforderlich. Im Sommer 1697 sandte Francke Georg Heinrich Neubauer nach Holland, dem damals wirtschaftlich und sozial am weitesten entwickelten europäischen Land, um Waisenhäuser und ihre Einrichtung kennenzulernen. Francke wollte auf dem neuesten Stand sein, das betraf neben den baulichen ganz besonders die hygienischen Standards. Auch Spenden für das Vorhaben sollte Neubauer im wohlhabenden Holland sammeln. Dabei dachte Francke durchaus ökumenisch, nahm Geld zum Verdruß seiner Gegner auch von Calvinisten und Spiritualisten an.

Überlegungen, sich im Ortskern Glauchas weiter zu etablieren, erwiesen sich als untauglich, es fehlte trotz mancher Ankäufe an Platz, und Räume zu mieten war auf Dauer zu kostspielig. Es lag nahe, die verschiedenen Einrichtungen zusammenzuführen. Dazu bedurfte es eines geeigneten umfangreichen Geländes und der rechtlichen Absicherung. Eine ausreichende und dauerhafte finanzielle Absicherung war trotz des bisherigen Spendenaufkommens von ca. 19 000 Talern nicht zu erreichen und entsprach auch nicht Franckes Intention. Wohl aber wollte er vom Staat finanzielle Erleichterungen und gewisse Privilegien für den Ausbau des Werkes erhalten. Zunächst versuchte er, die Befreiung von der Akzise, einer auf allen Waren lastenden Verbrauchssteuer, zu erlangen. Sie wurde ihm am 2. Oktober 1697 teilweise gewährt. Dieses erste Privileg des brandenburgisch-preußischen Staates für Franckes Werk ließ sich jedoch wegen des Widerstandes örtlicher Behördenvertreter nicht durchsetzen, und erst am 22. März 1698 wurde auf ausdrücklichen Befehl des Kurfürsten die volle Akzisefreiheit gewährt. Francke strebte aber, um seine Pläne verwirklichen zu können, umfassendere Privilegien an. Neben der vollen Akzisefreiheit waren dies das Back- und Braurecht sowie die Erlaubnis, eine Buchdruckerei, Buchhandlung und Buchbinderei zu führen, eine Apotheke einzurichten und Tuchmacherei zu betreiben.

Im März 1698 lud Francke einflußreiche Räte nach Glaucha ein, und im April sandte er Heinrich Julius Elers, der seit 1697 Inspektor der von Francke bereits eingerichteten Buchhandlung war, nach Berlin, um dort in seinem Sinne Gespräche zu führen. Durch diese Reise Elers', die Vermittlung Carl Hildebrand von Cansteins und eine weitere Reise Franckes und Elers' im August 1698 nach Berlin sowie die praktischen Erfolge vor Ort bekamen der Hof und der Kurfürst den besten Eindruck von Franckes Werk. Als persönliches Zeichen seines Wohlwollens übereignete der Kurfürst dem Waisenhaus die Duplikate aus der kurfürstlichen Raritäten- und Naturalienkammer und legte damit den Grundstock für das Naturalienkabinett der Franckeschen Stiftungen.

Am 19. September 1698 erteilte der Kurfürst ein umfassendes Privileg. Das Waisenhaus war damit direkt ihm und der Berliner Regierung unterstellt. Behinderungen durch die Regierung in Magdeburg oder die Landstände sollten auf diese Weise weitgehend ausgeschlossen werden. Das Waisenhaus wurde zur Anstalt öffentlichen Rechtes, und der Kurfürst nannte es ein »Annexum« der Universität. Zu diesem Zeitpunkt befand sich das Waisenhaus noch in Glaucha, doch war mit dem Bau eines neuen großen Waisenhauses als Kern aller weiteren Einrichtungen bereits begonnen worden. Am 13. Juli 1698 hatte Francke den Grundstein für die neue Einrichtung – und damit für die Franckeschen Stiftungen – vor dem Rannischen Tor, am Rande von Glaucha, gelegt. Dort war im April 1698 der Gasthof »Zum güldenen Adler« gekauft worden, und bereits zu Pfingsten zogen die Waisenkinder ein. Der Gasthof lag an der Ostseite einer Anhöhe, des »grünen Hügels«, in der Nähe von ausgedehnten Gärten und Weinbergen. Zwei Gasthäuser an der Südseite des grünen Hügels, die »Goldene Rose« und das »Raubschiff«, konnten ebenfalls erworben werden. Baufreiheit war damit aber noch nicht gegeben. Der Glauchaer Akziseeinnehmer Johann Wilhelm Oese kaufte hinter dem Rücken Franckes heimlich ein der Gemeinde Glaucha gehöriges benachbartes Grundstück und begann dort sofort mit den Arbeiten für den Bau eines Wohn- und Akzisehauses. Dadurch wurde der Bau des geplantes Waisenhauses unmöglich, versperrte der Neubau doch auch die Zufahrt zum »Güldenen Adler«. Franckes Pläne und damit auch die Errichtung der Franckeschen Stiftungen wären mit großen finanziellen Verlusten gescheitert, hätte nicht der Kurfürst eingegriffen und den Plan Oeses vereitelt.

Im Sommer 1698 konnte also mit den Gründungsarbeiten für das Waisenhaus, die sich übrigens als sehr schwierig erwiesen, begonnen werden. Der ursprüngliche Plan Franckes, aus Kostengründen nur einen Fachwerkbau zu errichten, wurde fallengelassen. Der Bau war für damalige Verhältnisse gewaltig. Skepsis, ob sich Francke damit nicht erheblich übernehmen würde, war nicht nur bei seinen Gegnern vorhanden. Als die Mauern bereits zur Hälfte standen, soll mancher in Halle gesagt haben: »Wenn die Mauer in die Höhe kömmt, will ich mich dran hängen lassen.«[47] Die Bauleitung lag wesentlich bei Neubauer, der im Juni 1698 nach Halle zurückgekehrt war und seine in Holland erworbenen Kenntnisse in das Projekt einbrachte. Für den Bau des Hauses beschäftigte Francke Freimeister, die nicht der Zunftordnung unterstanden. Der Kurfürst stellte 100 000 Mauersteine und 30 000 Dachziegel zur Verfügung. Dem Bau kam außerdem zugute, daß Francke in Kröllwitz, einem Dorf an der Saale unmittelbar vor Halle, ein Bauerngut gekauft hatte, auf dessen Flur ein Steinbruch errichtet werden konnte. Auch verschiedene Sachspenden gingen neben den Geldspenden ein. So stiftete der bekannte hallesche Juraprofessor und Geheimrat Samuel Stryck die eichernen Fenster für das Waisenhaus. Dennoch wußte Francke oftmals nicht, wie und womit er am Wochenende die Arbeiter bezahlen sollte. Von mancher Gebetserhörung und wunderbaren Fügung beim Bau des Hauses konnte er später berichten, allerdings verschwieg er auch nicht, daß bisweilen unmittelbare Hilfe ausblieb. Die bekannteste Geschichte ist wohl folgende:

»Umb Michaelis anno 1699 war ich in äusserstem Mangel / und da ich bey gar schönem Wetter ausgegangen war / und den klaren Himmel betrachtete / ward mein Hertz sehr im Glauben gestärcket (welches ich nicht meinen Kräfften / sondern lauterlich der Gnade des Herrn zuschreibe) also daß ich bey mir selbst gedachte: Wie herrlich ist es doch / wenn man nichts hat / und sich auf nichts verlassen kan / kennet aber den lebendigen Gott / der Himmel und Erden erschaffen hat / und setzet auff ihn allein sein Vertrauen / dabey man auch im Mangel so ruhig seyn kann.

Ob ich nun wol wußte / daß ich noch desselben Tages etwas von nöthen haben würde / so war doch mein Hertz im Glauben so gestärcket / daß ich frölich und getrost war. Kam darauff zu Hause / da denn gleich derjenige zu mir kam / welcher am selbigen Tage / als an einem Sonnabend / die Arbeits-Leute beym Bau des Waysen-Hauses bezahlen sollte / hatte sich schon darzu fertig gemacht / daß er nur von mir Geld holen / hingehen und auszahlen wollte. Fragte mich demnach / ob ich was bekommen hätte? Ist was kommen? sagte er / ich antwortete: Nein / aber ich habe

Glauben an Gott. Kaum hatte ich das Wort ausgeredet / so ließ sich ein Studiosus bey mir melden / welcher denn dreissig Thaler von jemanden / den er nicht nennen wollte / brachte. Da gieng ich wieder in die Stube / und fragte den andern / wie viel er dißmal zur Bezahlung der Bau-Leute bedürffte? Er sagte dreissig Thaler. Ich sagte: Hier sind sie; ob er mehr brauchte? Er sagte: Nein; Welches denn uns beyde im Glauben sehr stärckte / indem wir so gar augenscheinlich die wunderbare Hand Gottes erkenneten / welcher es in dem Augenblick gab / da es von nöthen war / und so viel / als vonnöthen war.«[48]

Das Jahr 1699 führte im Betrieb des Waisenhauses zu großen Belastungen. Im Frühsommer brach eine Fleckfieberepidemie aus. Viele Kinder und auch Lehrer starben. Der erste Arzt des Waisenhauses, Christian Albrecht Richter (1675–1699), fiel der Krankheit zum Opfer. Im Juli 1699 war das neue Waisenhaus im Rohbau fertig. Mitten im weiteren Ausbau kam es im Zuge der schweren Auseinandersetzungen zwischen der orthodoxen Geistlichkeit, den Ständen und Francke zu einer ernsten Bedrohung des gesamten Projektes. Am 24. März 1700 verlangten die Landstände eine Überprüfung der Finanzierung des Waisenhauses. Ein wesentlicher Vorwurf lautete, Francke errichte einen Palast auf Kosten der Verpflegung der Waisen, außerdem würde ein so überdimensioniertes Vorhaben kaum je fertig werden. Auf diese Weise wollte die Regierung in Magdeburg unter Umgehung des kurfürstlichen Privilegs von 1698 ein Mitspracherecht in den Anstalten erhalten. Der Erfolg dieses Planes hätte nach Franckes Überzeugung das Ende seines Werkes bedeutet. Er wandte sich entschieden dagegen. Die Regierung setzte eine Untersuchungskommission ein, deren meiste Mitglieder Francke wohlgesonnen waren. Francke legte die Finanzierung aus privaten Spenden offen. 25 000 Taler waren bisher in Grundstücke und Bauten investiert und 20 000 Taler für die Versorgung der Waisenkinder ausgegeben worden.

»Zu dem Vorwurf, es werde auf Kosten der Verpflegung der Waisenkinder ein Palast gebaut, bemerkte Francke, die Mahlzeiten seien zwar nicht üppig, aber ausreichend. Einmal in der Woche erhielten die Zöglinge ein Viertel Pfund Fleisch, sonst Gemüse und Brot. Sonntags gab es auch Butter zum Brot. ›Im übrigen hat man auch hierin ein Besehen darauff, daß die Kinder nicht sollen verwehnet

Vorderansicht des Hauptgebäudes der Franckeschen Stiftungen, um 1702.

werden, damit sie künfftig, wenn sie zu Leuten kommen, schon gewohnt sind, mit dem, was ihnen vorgesetzt wird, vorlieb zu nehmen.‹ Um so größeren Wert wurde auf Hygiene im Waisenhaus gelegt. Jedes Kind besaß sein eigenes Bett, die Zimmer waren geräumig und mit großen Fenstern versehen. Die Bevorzugung der vertikalen Bauweise (das Waisenhaus besitzt fünf Stockwerke) erklärte Francke aus Gründen der Rentabilität, denn es sei billiger in die Höhe als in die Breite zu bauen. Mit einer Demonstration von Hochmut habe sie nichts zu tun.«[49]

Die Landstände, die ihre finanziellen Verpflichtungen völlig vernachlässigt hatten, waren bloßgestellt, nicht Francke. Die Untersuchungskommission verwies ausdrücklich auf die schlechte Bezahlung Franckes und seine große Uneigennützigkeit. Sie machte den Vorschlag, dem Waisenhaus Postfreiheit und freies Salz zu gewähren.

Der Ausbau des Gebäudes ging weiter. Am 29. April 1701 konnte das neue Waisenhaus und Hauptgebäude der Stiftungen eingeweiht werden, nachdem der Speisesaal bereits seit Ostern 1700 von insgesamt 200 Kindern und Studenten genutzt worden war. Mit dem Waisenhaus hatte der sich nun immer rascher entfaltende vielgliedrige Organismus der Stiftungen sein Zentrum erhalten, von dem aus sich mehr oder weniger die weitere Bautätigkeit entwickelte.

Weitere Einrichtungen

Das Gebäude wurde nicht nur als Waisenhaus genutzt. Im rechten Teil des Hauptgeschosses wurden die Buchhandlung und ein Buchladen untergebracht, links die Apotheke und das Laboratorium. Das Erdgeschoß enthielt die Lagerräume für beide Einrichtungen. Schulstuben, Arbeitsräume der Kinder und Lehrerzimmer befanden sich im ersten und zweiten Obergeschoß. In der obersten Etage war der Schlafsaal für 60 bis 70 Kinder.

Francke ging daran, die ihm durch das kurfürstliche Privileg eingeräumten Freiheiten und Möglichkeiten zum Nutzen des Waisenhauses und der Schulen umzusetzen. Viel war ihm gewährt worden, so die Akzise-, Zoll- und Geleitsfreiheit, die Anstalten waren von Einquartierungen und anderen Lasten befreit, sie durften, wie von Francke erbeten, eine Buchdruckerei, eine Buchbinderei, einen Buchladen sowie eine Apotheke einrichten. Es wurde ihnen erlaubt, eigene Handwerker anzustellen. »Außerdem bekamen die Stiftungen die Back- und Braugerechtigkeit und das Vorkaufsrecht für sämtliche umliegenden, unbebauten Grundstücke. Von den Zünften sollten die Waisenkinder ohne Vorlage eines Geburtsbriefes als Lehrjungen in das Handwerk aufgenommen werden. Das Testat des Direktors hatte als Bescheinigung ehelicher Geburt zu genügen. Bei der Lossprechung und Aufnahme der Waisenkinder in den Gesellenverband brauchten die Lehrjungen keine Kosten zu zahlen. Studierende Waisenkinder sollten bevorzugt in den Genuß von Stipendien kommen, vorausgesetzt, daß sie mit den übrigen Bewerbern in allen anderen Stücken (Charakter, Begabung, Fleiß) auf gleicher Stufe standen.«[50]

Alle Kirchen im Herzogtum Magdeburg und Fürstentum Halberstadt mußten, soweit sie nicht baufällig waren, dem Waisenhaus jährlich einen Taler zahlen. Von Geldstrafen unter 50 Talern in diesen Gebieten sollte ein Zehntel in die Kasse des Waisenhauses fließen, dem außerdem noch das Recht zu einer Kollekte in allen kurfürstlichen Ländern eingeräumt wurde. Der Widerstand gegen die Realisierung dieser Privilegien war bei den Landständen und Zünften beträchtlich. Die meisten Kirchgemeinden zahlten nicht, aus den halleschen Gemeinden ging kein Pfennig ein! Auch die Kollekte kam nur teilweise zustande, in Magdeburg wurde sie von der Stadt verboten. Ähnlich verhielt es sich mit den Strafgeldern. Besonders hartnäckigen Widerstand leisteten die Zünfte. Sie setzten schließlich durch, daß uneheliche Kinder wie bisher nicht als Lehrjungen angenommen werden durften.

Von größtem Wert für die planmäßige Erweiterung des Areals um das Waisenhaus und für die Versorgung war das Francke ebenfalls gewährte Privileg, bei allen Immobilienverkäufen in der Umgebung das Vorkaufsrecht zu haben. Dadurch konnte der Grundbesitz – bis zur Aufhebung des Privilegs durch König Friedrich II. im Jahre 1746 – sinnvoll erweitert und abgerundet werden.

Apotheke und Medikamentenexpedition

Als besonders nützlich und zukunftweisend erwies sich die durch das kurfürstliche Privileg von 1698 gewährte Freiheit auf dem Gebiet des Buch- und Apothekenwesens. Die Notwendigkeit einer Apotheke ergab sich naturgemäß von selbst, mußte doch die wachsende Zahl von Waisenkindern, Schülern, Lehrern und Mitarbeitern der Anstalten medizinisch versorgt werden. Die beiden bestehenden halleschen Apotheken waren nach Toresschluß schwer erreichbar, hinzu kamen Kostengründe. 1698 war die Waisenhausapotheke eingerichtet worden, die unter der Aufsicht des Waisenhausarztes stand. Die Frage der Eigenversorgung mit Medikamenten stellte sich besonders dringlich während der Fleckfieberepidemie im Frühsommer 1699. Francke suchte Rezepte für wirksame Arzneien. Dabei bat er seinen weitverzweigten Freundeskreis um Mithilfe, gab es doch damals eine Vielzahl nur lokal und individuell bekannter und angewandter Medikamente. Noch während der Epidemie erhielt Francke von einem »vornehmen Gönner« das Rezept für ein Mittel gegen das Fleckfieber. Es konnte in der Waisenhausapotheke hergestellt werden.

1699 wurde Christian Friedrich Richter (1676–1711) Waisenhausarzt und Verantwortlicher für die Apotheke, deren technische Leitung bei einem Provisor lag. Mit Richter hatte Francke erneut einen fähigen Mitarbeiter gewonnen. Sehr bedeutsam für die weitere Entwicklung der Apotheke wurde, daß Francke Anfang Dezember 1700 anläßlich eines Krankenbesuches (bei H. Burgstaller) ein Manuskript mit Rezepten erhielt, unter denen sich auch die Anweisung für eine aus Gold zu bereitende Arznei befand. Es handelte sich um ein alchemistisches Mittel; schon Paracelsus wollte aus dem Gold hochwirksame Bestandteile herausziehen und so eine Universalmedizin gewinnen. Der Herstellungsprozeß für die Goldtinktur war sehr schwierig und aufwendig. Richter gelang es jedoch, Anfang des Jahres 1701 das Medikament herzustellen. Die neue Arznei wurde Essentia dulcis genannt. Dem lag ein Traum Franckes am Neujahrstag 1701 zugrunde, in dem er eine süße Quelle gesehen hatte, die bis nach Spanien floß. Dabei rief er aus: »Kommt alle her, und kostet meine süße Quelle.«[51]

Neben der Essentia dulcis wurde die Essentia amara, eine Bitteressenz (Magenmittel), entwickelt. Die Essentia dulcis erwies sich offenbar als besonders heilkräftig und erfolgreich bei Entzündungen, Krämpfen und Epilepsie. Der Erfolg wurde sofort zu Werbezwecken genutzt. Bereits 1702 erschien die erste Sammlung »Merckwürdige Exempel der unter dem Seegen Gottes durch die Essentiam Dulcem geschehenen Kuren ...«. Die steigende Nachfrage erforderte die Erweiterung der Laborräume und ihrer Ausstattung. 1702 offerierte die Waisenhausapotheke 11 Präparate, 1710 waren es ebensoviel, aber der Bestand hatte sich verändert. Spitzenpräparat war und blieb die Essentia dulcis. Sie war eine relativ teure Arznei, wurde aber, wie die anderen Medikamente auch, im beachtlichen Maße kostenlos an Arme abgegeben.

Unter der Leitung von Christian Friedrich Richter entstand eine Medikamentenexpedition. Sie war von der Apotheke unabhängig, wurde durch ein weitverzweigtes Netz von Vertretern sehr erfolgreich und erwirtschaftete für das Waisenhaus zwischen 1710 und 1720 jährlich etwa 9000 Taler, zwischen 1720 und 1730 waren es sogar 15 000 Taler. Das umfangreiche pietistische Beziehungsgeflecht, nicht zuletzt die unbestreitbaren Heilerfolge der halleschen Geheimmittel, förderten den Absatz und brachten große Gewinne. Ge-

ESS[ENTIA] DULC[IS] HALLENS[IS]. In Thüringen hergestelltes Apotheken-Standglas aus der zweiten Hälfte des 18. Jh.s.

hörte die Waisenhausapotheke auch zu den profitabelsten Einrichtungen der Anstalten, so sahen Francke wie Richter in ihr nicht nur eine Geldquelle für das Waisenhaus, sondern vor allem einen Ausdruck christlicher Nächstenliebe gegenüber den Kranken. Richter hob hervor: »Unsere Apotheke muß nicht anders betrachtet werden, als ein offenbahreter Schatz-Kasten Gottes, darinnen er sich den Elenden und Krancken nach seiner Güte und Barmhertzigkeit wil zu empfinden geben, daß wenn sie ihn fühlen und empfinden, aus der guten Krafft der Artzneyen, sie ihn mögen lernen kennen und lieben als einen solchen gutthätigen Gott.«[52]

Buchhandlung und Verlag

Wirtschaftlich ebenso erfolgreich wie die Apotheke entwickelte sich die Buchhandlung. Dies war nicht zuletzt das Verdienst eines der selbstlosesten und eifrigsten Mitarbeiter Franckes, Heinrich Julius Elers, den Francke bereits in Lüneburg (1688) und Leipzig kennengelernt hatte. Die Predigt Franckes vom 6. Juni 1697 über die »Pflicht gegen die Armen« hatte Elers so bewegt, daß er sein Studium aufgab und sich vorbehaltlos dem Dienst am geistlichen und leiblichen Wohl der Armen zur Verfügung stellte. »Als ihn Friedrich Wilhelm I. bei seinem Besuch des Waisenhauses 1713, beeindruckt von dem großen Betrieb der Buchhandlung, fragte: ›Was hat Er denn nun von dem Allen?‹ war die Antwort: ›Majestät, wie ich gehe und stehe.‹ Da ging dem König etwas vom Geheimnis des Erfolgs des Waisenhauses auf: ›Ich habe solche Leute nicht.‹«[53]

Ein eigener Verlag und Buchvertrieb war, ganz abgesehen von den wirtschaftlichen Aspekten, für die Sache des Pietismus und ihre Verteidigung von größter Wichtigkeit. Das erkannte Francke, der zunächst seine Schriften bei halleschen Verlegern oder im Selbstverlag erscheinen ließ, sehr bald. Die buchhändlerische und verlegerische Arbeit lief schnell an. Bereits kurze Zeit nach der Erteilung des Privilegs war die Buchhandlung des Waisenhauses dank der Vorarbeiten Elers' auf der Leipziger Herbstmesse 1698 präsent. Carl Hildebrand von Canstein, der Elers sehr schätzte, unterstützte den Aufbau des Unternehmens finanziell. Neben den Schriften Franckes und Speners wurden auch die Werke anderer Pietisten und mysti-

Verlagssignet der Buchhandlung des Waisenhauses mit der Devise »Illo splendente levabor«, 18. Jh.

scher Spiritualisten verlegt. Dies brachte dem Verlag und Francke vielerlei Angriffe von orthodoxer Seite ein. Später wurde die Verlagspolitik vorsichtiger.

Die Buchdruckerei arbeitete im Sockelgeschoß des Hauptgebäudes. Trotz der Zunahme des Geschäftes, 1700 wurden auf der Leipziger Messe Bücher für 4582 Taler verkauft, erreichte man die Gewinnzone erst 1706, dann aber nachhaltig. Am 23. September 1702 wurde in Anwesenheit Franckes und Elers' in Berlin eine Filiale eröffnet, weitere Niederlassungen entstanden in Leipzig und Frankfurt a. M. Die Buchproduktion gewann an Vielfalt. Der Verlagskatalog von 1712 nennt 200, der von 1717 300 Titel. Kleinschrifttum, vor allem Predigten Franckes, kam in riesigen Mengen auf den Markt. Ab 1717 konnten Gewinne aus dem Verlags- und Buchgeschäft von jährlich 2500 Talern an das Waisenhaus abgeführt werden. 1725 kaufte Francke, weil er sich davon wirtschaftlichen Gewinn versprach, eine Papiermühle in Kröllwitz bei Halle. Ab 1708 wurde eine Zeitung herausgegeben. Sie erwies sich als nicht sehr erfolgreich, erschien aber immerhin bis 1768 im Verlag des Waisenhauses.

Der Pietismus war eine Bibelbewegung. Intensives Lesen der Bibel, gemeinsame Auslegung biblischer Texte gehörten zu seinen Grundforderungen. Aber die Bibel war ein teures Buch, Arme konnten sie nicht kaufen. Um möglichst vielen Menschen die Bibel in die Hand geben zu können, entstand in enger Verbindung mit den verlegerischen Aktivitäten des Waisenhauses eine bis dahin in ihrer Art einmalige Einrichtung: die Cansteinsche Bibelanstalt, wie sie seit dem Jahre 1775 hieß. Der Gedanke dazu ging von Elers aus. Er wies nach holländischem Vorbild auf die Vorteile des »stehenden Satzes« hin, d. h. einer Methode, bei der ein ganzes Buch in Lettern gesetzt wurde, die man entgegen der bisherigen Praxis nicht wieder einschmolz, sondern solange gebrauchte, bis sie abgenutzt waren. Das erforderte zwar erhebliche Anfangsinvestitionen, ermöglichte dann aber eine äußerst billige Buchproduktion. Diesen Vorschlag griff Carl Hildebrand von Canstein begeistert auf, und auch Francke konnte dafür gewonnen werden. 1710 veröffentlichte er mit Zustimmung Franckes einen »Ohnmaßgeblichen Vorschlag, wie Gottes Wort denen Armen zur Erbauung um einen geringen Preiß in die Hände zu bringen«. Canstein trug den größten Teil der Kosten, große und kleine Spenden kamen hinzu.

Das Bibelwerk und die Anstalten des Waisenhauses blieben nach außen juristisch getrennt, um keinen Grund für neue Angriffe gegen Francke zu geben, innerlich waren sie aber eng verbunden und aufeinander angelegt. Ihre spätere Zusammenführung wurde von Canstein von Anfang an ins Auge gefaßt. Leiter der Bibelanstalt wurde Johann Heinrich Grischow (1678–1754), ein Schüler und bereits bewährter Mitarbeiter Franckes. 1712 kam die erste Ausgabe des Neuen Testaments zu dem sensationell geringen Preis von 2 Groschen auf den Markt. Die Nachfrage war enorm. Die ganze Bibel kostete schließlich 6, später 10 Groschen. Das Neue Testament war 1715 bereits in 38 000 Exemplaren gedruckt worden. Bald kamen auch Bibelausgaben in anderen Sprachen hinzu, so in Tschechisch, Polnisch, Estnisch, Litauisch und Wendisch. Zwischen 1712 und 1934 wurden etwa 10 Mio. Bibeln in den Franckeschen Stiftungen gedruckt. Nach von Cansteins Tod am 19. August 1719 fiel sein gesamtes Vermögen an die Stiftungen. Francke übernahm die Leitung der Bibelanstalt, die Geschäfte führte Grischow.

Anders als Apotheke und Buchhandlung brachte die Cansteinsche Bibelanstalt keine nennenswerten materiellen Gewinne.

Die »Stadt Gottes« als Lebensraum

Um seine Anstalten dauerhaft auf eigene finanzielle Füße zu stellen, suchte Francke nach anderen gewinnbringenden Unternehmungen. Es gab Pläne für Bergwerks- und Schiffahrtsunternehmen, für eine Glashütte, für eine Seidenmanufaktur; sie gelangten aber über Erwägungen bzw. Ansätze nicht hinaus. Erfolgreicher entwickelte sich ein internationales Großhandelsunternehmen mit Gold, Silber und Kupfer, mit Kaffee, Wein, russischem Kaviar und türkischen Teppichen. Auch mit dem Viehhandel hatte man es seit 1703 versucht, sich damit aber viel Ärger zugezogen.

Nicht nur dem Ausbau, sondern auch der wirtschaftlichen Fundierung der Anstalten dienten Landkäufe. Von 1698 bis zum Todesjahr Franckes 1727 waren es 43. Alle Grundstücke in der Nähe der Anstalten, die verkäuflich waren, wurden erworben, um Raum zu gewinnen und um Gartenland zum Anbau von Obst und Gemüse für die Eigenversorgung nutzen zu können.

Spenden, aber auch die selbst erwirtschafteten Mittel bildeten die Grundlage für die weitere intensive Bautätigkeit Franckes nach der Fertigstellung des Waisenhauses. Der heutige Innenhof der Franckeschen Stiftungen entwickelte sich in wesentlichen Teilen. Es ist hier nicht der Ort, die Baugeschichte nachzuzeichnen, nur auf einige wichtige Gebäude sei hingewiesen. 1709 entstand am »Vorderhof« ein dreistöckiger Fachwerkbau für die Waisenmädchen und die Mädchenschule, deshalb das »Mägdeleinhaus« genannt. Daneben wurde 1709/10 das »Englische Haus« für Schüler aus England gebaut. 1710/11 schloß man die Lücke zwischen dem Englischen Haus und dem Hauptgebäude (Waisenhaus) durch einen großen Bau, der unten den Speisesaal enthielt, in den oberen Geschossen den Sing- und Betsaal. Er faßte rund 2000 Personen. Auch das Pädagogium regium wurde in einem neuen, mehrstöckigen Fachwerkbau untergebracht. Die Bauarbeiten begannen 1711 unter Neubauers Leitung und waren 1713 beendet. Die Baukosten beliefen sich auf 13 000 Taler. Erweiterungsbauten folgten. 1715 konnte ein Brauhaus in Betrieb genommen werden. Um die von Anfang an schwierigen Probleme der Wasserversorgung zu lösen, wurde 1706 die erste und 1717/18 eine zweite Wasserleitung gebaut. Besonders hervorzuheben ist die Errichtung des sogenannten »Langen Hauses«. Es war zur Unterbringung der wachsenden Zahl von Schülern bestimmt; 1713 begannen die Bauarbeiten. In mehreren Etappen entstand ein riesiges sechsgeschossiges Haus mit sechs Eingängen. Es muß in der damaligen Zeit wie ein Hochhaus gewirkt haben und gilt heute als der größte Fachwerkbau Europas.

Nach einigen Jahren relativer Ruhe nahm die Bautätigkeit in den zwanziger Jahren des 18. Jahrhunderts nochmals zu. 1721 begann der Bau eines neuen zweckentsprechenden Krankenhauses für Waisenkinder, arme Schüler und mittellose Studenten. Für die Schüler des Pädagogiums und der Lateinischen Schule gab es in den jeweiligen Gebäuden Krankenstuben. Der Bau des Bibliotheksgebäudes mit einer platzsparenden Kulissenbibliothek nach englischem Vorbild wurde 1726 in Angriff genommen, der eines »Bibelhauses« für die Cansteinsche Bibelanstalt 1727. Die Anstalten blieben auch nach Franckes Tod 1727 eine Baustelle. Um das Waisenhaus entstand in wenigen Jahrzehnten mit enormen Mitteln und innerer Folgerichtigkeit eine »Stadt Gottes«, die eine Stadt der Kinder, der Jugend, der Schulen war. Sie hat viele Zeitgenossen Franckes tief beeindruckt. Die Gebäude des Waisenhauses, der Schulen, Internate usw. suchten ihresgleichen, ebenso die Zahl der dort lebenden Kinder und Lehrer.

Im Todesjahr Franckes »unterrichteten an den deutschen Schulen 106 Lehrer 1725 Kinder, an den lateinischen Schulen 32 Lehrer und 3 Inspektoren 400 Schüler und am Pädagogium regium 27 Lehrer und 1 Inspektor 82 Zöglinge. Im Waisenhaus waren 100 Jungen und 34 Mädchen mit 10 Erziehern untergebracht. An den Freitischen wurden täglich 255 Studenten und 150 arme Schüler verpflegt. Zusammen mit den Mitarbeitern in den Wirtschaftseinrichtungen boten die Stiftungen Raum für über 3000 Personen, für die teilweise die volle Versorgung zu tragen war.«[54]

Es war nicht leicht, einen so großen und weitverzweigten Organismus bei möglichst geringen inneren Reibungen zu verwalten. Eine Schlüsselrolle kam dabei der täglichen Konferenz aller leitenden Mitarbeiter, in den Anfangsjahren meist unter der Leitung Franckes, zu. Er bemerkte dazu:

> »Was die Auffsicht und Administration des gantzen Wercks betrifft / beruhet solche 1) auff einer Conferenz, welche täglich von mir dem Directore

mit denen jenigen gehalten wird / die zur Auffsicht aller und jeder besondern Anstalten bestellet sind / als über die Oeconomie, über die Schulen / über den Buchladen / über die Apothecke und Krancken-Pflege / über die Studiosos im Waysen-Hause. Und zwar habe ich jetzt gemeldte Conferenz des Abends nach der Mahlzeit von 8. biß 9. Uhr angesetzet (wiewol sie nach erforderten Umbständen auch länger währet) so wohl / dieweil ein jeglicher des Tages über seine Hände voll zu thun findet / als auch / damit ich auff diese Weise die mir anbefohlne Aemter den Tag über unverhindert verrichten kann / und durch das Expediens der abendlichen Conferenz von dem sonst allzugrossen Uberlauff der Mit-Arbeiter befreyet bleibe.

In dieser Conferenz nun wird mit einem ernstl. Gebet der Anfang gemacht / so dann bringet ein jeder von den Mit-Arbeitern sein Memorial hervor / auff welchem er des Tages über verzeichnet / was ihm unter seiner Auffsicht vorgefallen / welches dann so fort in Uberlegung gezogen / und umb beständig guter Ordnung willen / wie es abgeredet worden / auffgezeichnet wird. Wann dann ein jeder das seinige vorgebracht / und was ihm folgenden Tages zu thun gegeben / für sich angemercket / wird alles mit einem Gebet beschlossen.«[55]

Sämtliche Lehrer der Armen- und Waisenschüler wurden wöchentlich zu einer Konferenz zusammengerufen.

Die Grundstruktur der Glauchaschen Anstalten für eine Reform der Drei-Stände-Gesellschaft, wie sie Francke zusammen mit den Plänen für seine Anstalten entwickelt hatte, war im Laufe eines Vierteljahrhunderts immer mehr mit Leben erfüllt worden. Die Schulbauten sind äußerer Ausdruck dafür, die wachsende Zahl von Schülern und Lehrern ist Beleg für ihren Erfolg. Fundament des Schulwesens waren die deutschen Schulen. Sie umfaßten die Knaben- und Mädchenschulen innerhalb der Anstalten, aber auch zwei Schulen für Jungen und Mädchen in Glaucha (Mittelwachische und Weingärtenschule). Diese Schulen sollten der Erziehung des »Nährstandes« dienen. Ihr Bildungsziel war die praktische Berufsvorbereitung. Die Lateinschule, eine Internatsschule, bereitete vor allem Angehörige des späteren »Lehrstandes« auf ein Universitätsstudium vor. Das Pädagogium, seit 1702 als Pädagogium regium unter dem Schutz des Königs stehend, war die Schule des »Regierstandes«.

Francke hatte von Anfang an auch Mädchen in seine Bildungsarbeit einbezogen. 1698 war das Gynäceum zur Ausbildung von Töchtern aus adligen und wohlhabenden bürgerlichen Familien entstanden. Es wurde aber bis zu seiner endgültigen Auflösung 1740 nie in den Anstalten selbst untergebracht.

Das 1696 gegründete Seminarium praeceptorum und das 1707 ins Leben gerufene Seminarium selectum praeceptorum dienten – zum ersten Mal in Deutschland – der gezielten Aus- und Fortbildung von Lehrern. Francke entwickelte eine vielgestaltige Schul- und Ausbildungskonzeption für Schüler und Lehrer. Sie ermöglichte grundsätzlich allen begabten Kindern, auch den Waisenkindern, den Zugang zu höherer Bildung und damit zu sozialem Aufstieg. Das muß angesichts der damaligen Ständegesellschaft besonders hervorgehoben werden.

Franckes Pädagogik enthielt eine Vielzahl fortschrittlicher Elemente, hatte jedoch auch ihre Mängel und Schattenseiten. Von seinem Bildungskonzept lebte die Schulstadt fast ein Jahrhundert lang. Das Waisenhaus und die Schulen mit ihren Lehrern waren und blieben das Herz der Anstalten, um das sich alles gruppierte. Es wäre aber eine Verkürzung des Sinnes und Zweckes von »Franckens Stiftungen«, wollte man nur das Äußere, ihre Schale, sehen und bewundern, darüber aber den Kern vergessen: das Ziel der Weltverwandlung durch Menschenverwandlung auf der Basis von Glauben, Bekehrung und Wiedergeburt.

Die Glauchaschen Anstalten, Franckens Stiftungen als Stadt Gottes? Sicherlich ist dies letztlich eine Utopie geblieben, aber eine der großen menschenfreundlichen, christlichen Utopien mit weltweiter Ausstrahlungskraft und zukunftsweisender Wirkung.

III. Das pietistische Erbe (1727–1785)

August Hermann Francke hinterließ bei seinem Tod am 8. Juni 1727 ein umfangreiches und wohlgeordnetes Erbe voll innerer und äußerer Dynamik: seine Anstalten, seine »Stadt Gottes«, gegründet auf den Prinzipien eines pietistisch geprägten Christentums. Dieses Erbe kreativ zu bewahren und in die Zukunft zu führen, war eine große und schwierige Aufgabe.

Johann Anastasius Freylinghausen

Für Erben hatte Francke noch selbst Vorsorge getroffen. Das kurfürstliche Privilegium von 1698 legte ausdrücklich fest, daß bei Franckes Tod »zur Direction des Wercks kein anderer genommen / als den Er selber bey Lebzeiten darzu benennet / und im Testament eingesetzet«.[56] Francke entschied sich für seinen langjährigen Mitarbeiter Johann Anastasius Freylinghausen (1670–1739), der 1715 auch sein Schwiegersohn geworden war. Dieser hatte in Jena Theologie studiert und 1691 in Erfurt Francke kennengelernt. Es entstand eine lebenslange Freundschaft. Ab Dezember 1695 war er »Adjunkt« Franckes an der Georgen-Gemeinde und übernahm dort vertretungsweise wichtige pfarramtliche Pflichten. Nach dem Tod Johann Daniel Herrnschmids im Jahre 1723 berief Francke seinen Schwiegersohn Freylinghausen zum Subdirektor der Stiftungen und designierte ihn damit neben seinem Sohn zu seinem Nachfolger. Freylinghausen erfüllte zwei über 100 Jahre geltende formale Bedingungen für das Direktorat der Stiftungen, Angehöriger der Familie Franckes sowie der Theologischen Fakultät, deren ordentlicher Professor er war, zu sein. Auch die Pfarrstelle Franckes an der Ulrichskirche in Halle wurde Freylinghausen nach Franckes Tod übertragen.

»In der Redlichkeit und Uneigennützigkeit war er seinem Vorgänger völlig gleich, stiftete in seinem Predigtamte vielen Nutzen, und suchte den Flor der Frankischen Anstalten auf alle Weise zu erhalten und zu vermehren. Es waren in ihm mancherley schätzbare Talente und gelehrte Kenntnisse vereinigt, die auch in seinen hinterlassenen zahlreichen Schriften unverkennbar sind.«[57] Aber nicht Freylinghausens theologische Kompendien, sondern sein 1704 bzw. 1714 erstmals erschienenes »Geistreiches Gesangbuch« begründete seinen bleibenden Ruhm im protestantischen Deutschland, ja in weiten Teilen der evangelischen Welt. Das »Freylinghausensche Gesangbuch«, 1779 in der 20. Auflage erschienen, und die Pflege des evangelischen, gemeindeorientierten Kirchengesangs waren es, was »Halle geradezu den Ruf einer Hauptstadt neuen geistlichen Gesangs eintrug«.[58]

Der Gemeindegesang war von Anfang an in den Stiftungen gepflegt worden. Die meisten Pietisten versuchten sich auch als Kirchenliederdichter. August Hermann Francke selbst dichtete 1691 das später weit verbreitete Lied »Gott lob! Ein Schritt zur Ewigkeit ist abermals vollendet«. Sehr erfolgreich als Kirchenliederdichter war der Arzt des Waisenhauses Christian Friedrich Richter. Freylinghausen soll viele seiner fast 50 Lieder gedichtet haben, »wenn er an Zahnweh litt«. Sah er sich dadurch genötigt, »seine öffentlichen Arbeiten auszusetzen, so pflegte er geistliche Lieder zu dichten: und es ist aus sichern Nachrichten bekannt, daß er einige der lehrreichsten, unter den empfindlichsten Schmerzen dieser Art verfertigt hat, z. B. die beiden Gesänge: ›Mein Herz gieb dich zufrieden‹, und ›Geduld ist noth wenn's übel gehet‹. Einer seiner Mitarbeiter bemerkte deshalb: ›Wenn unser Freund Zahnschmerzen hat, so sollte man sich allemal freuen. Denn wenn die Hennen schreyen, so hat man davon allezeit ein Ey zum Besten.‹«[59]

Zusammen mit Freylinghausen als Direktor wurde nach dem Willen August Hermann Franckes sein Sohn Gotthilf August, der damals 31 Jahre alt war, zum stellvertretenden Direktor bzw. Kondirektor der Stiftungen berufen. Zumindest das Tagesgeschäft des Stiftungsrektorats lag von Anfang an bei Gotthilf August Francke. Freylinghausen war zu diesem Zeitpunkt bereits kränklich. Beide, Freylinghausen und Gotthilf August Francke, waren bemüht, die Stiftungen ganz im Sinne des Gründers zu leiten und auszubauen. Grundlegende Neuerungen lagen ihnen fern. »Sie fanden alles vorbereitet, und durften auf dem gelegten Grunde nur fortbauen.«[60]

In der Tat zeichnet sich die Epoche Freylinghausen – Gotthilf August Francke auch im wörtlichen Sinn durch eine rege Bautätigkeit verbunden mit weiteren umfangreichen Grundstückskäufen aus. In unmittelbarer Nähe der Stiftungen wurden 1729 bis 1739 mehrere Gärten gekauft. Dadurch konnten die bestehenden Gärten, die Gemüse und Obst für die Verpflegung lieferten, so der Waisengarten, erweitert werden. Die verschiedenen größeren und kleineren neuerworbenen Grundstücke schufen außerdem weitere Baufreiheit und bildeten die Voraussetzung zur Verbesserung der Infrastruktur. Mehrere für die wirtschaftliche Versorgung der großen Stiftungsgemeinde bedeutsame Bauten wurden errichtet, so ab 1729 die Gebäude der »Meierei«, die mit ihrer beachtlichen Viehwirtschaft eine wichtige Versorgungsaufgabe hatte. Der Verbesserung der Eigenversorgung diente der Ankauf (1729) eines Rittergutes im nahegelegenen Dorf Kanena für 14 000 Taler. 1735 wurde ein weiteres Rittergut in Reideburg für 37 000 Taler gekauft. In den Stiftungen errichtete man 1738 ein neues Brau- und Backhaus. Ein zweistöckiges Magazingebäude für die Bedürfnisse des Verlages und der Buchhandlung und ein feuerfestes Laboratorium waren schon 1732 entstanden. Das noch zu Lebzeiten August Hermann Franckes 1727 begonnene und 1728 fertiggestellte massive Bibliotheksgebäude wurde schließlich durch zwei Häuser flankiert und dadurch der spätere Lindenhof baulich weitgehend geschlossen. Eines dieser Gebäude war für die Cansteinsche Bibelanstalt bestimmt. Sein östlicher Flügel wurde 1728 vollendet, sein westlicher 1734/35. Das andere erst 1747/48 errichtete Haus diente wirtschaftlichen Zwecken.

Die ökonomischen Bedingungen der Stiftungen waren ausgezeichnet. Spenden flossen nach wie vor reichlich zu und das nicht nur aus Deutschland. Die erwerbenden Einrichtungen, allen voran die Waisenhausapotheke und der Medikamentenversand, aber auch Verlag und Buchhandlung, warfen hohen Gewinn ab. Beim Buchhandel waren es im Durchschnitt 2000–3000 Taler jährlich. Durch die Medikamentenexpedition kamen in den Jahren 1730 bis 1740 durchschnittlich im Jahr 20 512 Taler ein, das war gegenüber dem vorhergehenden Jahrzehnt eine Steigerung von 5000 Talern. Auch ein Teil der Schulen erbrachte gute Einnahmen. In Ludwig Cellarius (gest. 1754) hatte man einen neuen »Hauptkassen-Expeditionsvorsteher« gewonnen, der über ausgezeichnete ökonomische Fähigkeiten verfügte. Er war bis 1741 in den Stiftungen tätig.

Die ökonomischen Erfolge kamen in erster Linie den Schulen und dem Waisenhaus zugute. Die Schulstadt Franckes blühte weiter auf. 1733 zählte man an den lateinischen und deutschen Schulen 2100 Schüler und etwa 180 Lehrer. Verschiedenste Erweiterungsbauten, aber auch Sanierungen an schon bestehenden Gebäuden wurden nötig.

Auch die hygienischen Bedingungen für die Waisenkinder und die Schüler in den Stiftungen konnten deutlich verbessert werden. Die unmittelbar an der Nordseite der Stiftungsgebäude liegenden Wallanlagen der Stadt waren militärisch bedeutungslos geworden, so daß es gelang, sie in Erbpacht zu übernehmen. »Dadurch war es möglich geworden, die Aborte aus den Anstalten, namentlich aus den Schülerhäusern, zu entfernen, und 1734/36 die langgestreckten, einstöckigen Abtrittsgebäude zu errichten, deren freie Lage in Verbindung mit anderen Umständen erheblich dazu mitgewirkt hat, die Anstalten während des 19. Jahrhunderts von der in der Stadt wiederholt heftig wüthenden Cholera frei zu erhalten.«[61]

Für Kontinuität im schulisch-pädagogischen Bereich sorgte in besonderer Weise Hieronymus Freyer (1675–1747), der ab 1698 am Pädagogium unterrichtete und 1705 von August Hermann Francke zum Inspektor berufen worden war. »Dieser ausgezeichnete Schulmann war es eigentlich, der das hiesige Pädagogium, an welchem er ein halbes Jahrhundert theils als Lehrer, theils als Aufseher arbeitete, erst recht in Flor brachte, und auch bey den übrigen Schulen mit seinem Rath und Erfahrungen große Dienste leistete.«[62]

Von langfristiger Bedeutung für die Schulen wie für die Stiftungen erwies sich die 1728 erfolgte Berufung von Johann Georg Knapp (1705–1771) als Lehrer an das Pädagogium. Er hatte zunächst in Altdorf Jura und dann in Jena und Halle Theologie studiert und war nach Freyers Urteil ein begabter Pädagoge. Im März 1732 übernahm er die Stelle eines »Kadettenpredigers« in Berlin, wurde aber 1733 nach Halle zurückgerufen. Die Theologische Fakultät ernannte ihn zu ihrem Adjunkten, 1737 zum außerordentlichen und 1739 zum ordentlichen Professor. Bei seiner Rückkehr wurde ihm die Oberaufsicht über die lateinische Schule übertragen. »Um diesen Theil der

Anstalten hat Er sich mehrere Jahre hindurch, durch heilsame Vorschläge und Einrichtungen, durch unermüdete Activität in der Aufsicht, durch Bearbeitung der Lehrenden und Lernenden ausnehmend verdient gemacht.«[63] Sowohl Freylinghausen als auch Gotthilf August Francke erkannten seine besondere Begabung und ernannten ihn 1738 zum »Condirektor« des Waisenhauses. Damit trafen sie eine bewußt zukunftsorientierte Entscheidung.

Am 12. Februar 1739 starb Johann Anastasius Freylinghausen. Mit Gotthilf August Francke zusammen hatte er über zehn Jahre gemeinschaftlich, wenn auch als der »älteste Direktor«, an der Spitze der Stiftungen gestanden und ihr Wachstum und ihre Entfaltung im Geiste des Gründers gefördert. Große Bescheidenheit ließ ihn nicht so sehr nach außen treten.

Georg Christian Knapp urteilt über ihn, daß »unter den vielen treuen Gehülfen«, die August Hermann Francke bei der Gründung und beim Aufbau der Stiftungen unterstützten, keiner außer Freylinghausen gewesen sei, »der zu aller Art von Geschäften so geschickt und bereitwillig gewesen wäre; keiner, der das Wohl des Ganzen mit so großer Angelegenheit auf seinem Herzen getragen, und von Anfang an alle Arbeiten und Sorgen mit ihm gleich getheilt hätte. Länger als 30 Jahre war er sein unzertrennlicher Gefährte, wohnte mit ihm in einem Hause, speisete an seinem Tische, war früh und spät um ihn, und Franke unternahm nichts, was nur von einiger Wichtigkeit schien, ohne es vorher mit ihm überlegt zu haben. Er war also nicht bloß Werkzeug in seiner Hand, sondern auch sein unentbehrlicher Rathgeber.«[64]

Gotthilf August Francke

Nach Freylinghausens Tod trat Gotthilf August Francke (1696-1769) an die Spitze der Stiftungen, unterstützt von Johann Georg Knapp als Kondirektor. Er übernahm die Stiftungen zu einem Zeitpunkt großer äußerer Blüte, die noch über ein Jahrzehnt unter seiner Leitung anhielt. Die Stiftungen verfügten jedoch schon nicht mehr über die geistige Ausstrahlungskraft wie zu Lebzeiten seines Vaters. Dies hatte schon Freylinghausen in seinen letzten, durch Krankheit belasteten Lebensjahren deutlich erkannt. »Er fürchtete, daß diese An-

Gotthilf August Francke, 1743.

stalt in der Zukunft das nicht mehr leisten werde, was sie im Anfang geleistet habe. Gegen seine Freunde äußerte er sich oft darüber mit den Worten: das Beste im Lande ist gegessen!«[65] Daß dem offenbar so war, ist jedoch nicht in erster Linie Gotthilf August Francke anzulasten. Er brachte gute Voraussetzungen für die Leitung der Stiftungen mit, stand aber naturgemäß im Schatten seines großen Vaters und wurde und wird an ihm gemessen. Das führte nicht selten zu ungerechten Urteilen über ihn.

Der am 1. April 1696 (alten Stils 21. März) in Glaucha geborene Gotthilf August Francke wurde ganz im Geiste des halleschen Pietismus erzogen und geprägt. Zunächst durch Hauslehrer unterrichtet, kam er im 13. Lebensjahr auf das Pädagogium regium, die wichtigste und berühmteste Schule der Stiftungen. Er verließ sie im Frühjahr 1714 und begann das Studium der Theologie in Halle. Kurz nach Beginn des Studiums erlebte Gotthilf August Francke seine Bekehrung. Sie »hatte nicht annähernd die Dramatik und Intensität der Lüneburger Bekehrung seines Vaters, sondern erscheint als Krönung des väterlichen Erziehungswerkes, bleibt aber auch als ›kräftige Erweckung zum seligen Durchbruch‹ auf den Tag datierbar. Anlaß war eine Predigt August Hermann Franckes am 2. Juli 1714 in Könnern; vollendet wurde die Bekehrung am selben Tage im Collegium Pietatis des Inspectors Stürmer in Könnern, wo Franckes Vater über ›die Liebe und Freundlichkeit Christi‹ sprach.«[66]

Gotthilf August wurde, wie manche der begabteren jungen Theologen, zunächst Lehrer am Pädagogium regium (1716-1719). In dieser Zeit begleitete er seinen Vater auf dessen »Reise ins Reich«, erlebte ihn dabei auf dem Höhepunkt seines Ruhms und konnte vielerlei persönliche Kontakte knüpfen, die sich später als sehr nützlich erwiesen. 1719 setzte er das Theologiestudium in Jena fort und ließ sich dort für das Sommersemester immatrikulieren. Der intensive Briefwechsel dieser Zeit mit seiner Mutter belegt, in welch hohem Maße Gotthilf August bestrebt war, im Sinne seines Vaters zu leben und zu arbeiten; er läßt aber auch erkennen, daß ihm der Ideenreichtum und die Dynamik des Vaters nicht gegeben waren. Gesundheitliche Belastungen, mit denen er lebenslang zu kämpfen hatte, verbanden sich mit einer gewissen Ängstlichkeit und Bedenklichkeit. Dies wird z.B. in einem Brief vom 16. Oktober 1719 an seine Mutter deutlich, in dem er über eine Predigt berichtet, die er vertretungsweise halten mußte:

»Es hat dabey wieder allerhand exercitia des Glaubens gegeben. Schon des Sonnabend Abends war ich so schwach als niemals vorher, konnte auch nicht eßen, die Nacht habe ich darauf nicht geschlafen, früh that mir der Kopf sehr wehe, und waren alle Kräfte so weg, daß ich fast kein Blat von dem aufgeschriebenen lesen konnte. Dabey fing ich auch an zu zweifeln, ob ich recht gethan, daß ich die Predigt übernommen, und mich also der Hülfe des HErrn getrösten könnte. Ich warf mich aber im einfältigen Glauben auf den HErrn, und bat ihn, daß er mir helfen wollte. Dabey brauchte ich zum öftern die Essentiam dulcem, konte aber doch mit genauer Noth vormittag die Predigt einmal durchlesen. Nach Tische hatte ich wieder großes Wallen im Blut, und legte mich ein Stündgen ins Bette, darauf über sahe ich die Predigt noch ein wenig, und ging dann im Vertrauen auf die Barmhertzigkeit des treuen Gottes der uns nicht läßt versucht werden über unser Vermögen in die Kirche. Anfangs wurde es mir etwas schwer zu reden, theils wegen meiner Schwachheit, theils weil gar wenig Leute in der Kirche waren, und also der Wiederschall mir in die Ohren kam, theils auch weil ich mich ziemlich starck angreifen mußte. Der HErr aber half doch daß es immer beßer ging, da auch noch ziemlich viel Leute herzukamen, welche auch sonderlich unter der Application sehr aufmercksam und stille waren. Nach der Predigt war ich zwar sehr matt und dabey in meinem Gemüthe gedemüthiget, doch habe ich nicht geschwitzet auch den Schmertzen in den Beinen nicht empfunden.«[67]

Wieder nach Halle zurückgekehrt, wurde Gotthilf August Francke 1720 »zum Pastor an dem vor kurzem neuerbaueten Zucht- und Arbeitshause« berufen. Das war zweifellos kein einfaches Amt, sondern »mit vielerley unangenehmen Dienstbeschwerlichkeiten verknüpfet«, brachte ihn aber in engen Kontakt mit den Ärmsten und Verachtetsten in der Gesellschaft.[68] In die Zeit als Zuchthausprediger fiel seine Eheschließung (25. Juni 1722) mit Johanna Henriette Rachals (1698–1743). Nach derem Tod am 2. Juli 1743 heiratete er am 29. Juli 1750 Eva Wilhelmina von Gersdorf (1710–1793). Kinder gingen aus beiden Ehen nicht hervor.

1723 wurde Gotthilf August Francke zum »Adjunkten« an der Marktkirche in Halle ernannt, im Juli desselben Jahres erhielt er den Ruf als Adjunkt an die Theologische Fakultät. Bereits nach drei Jahren (14. Juni 1726) erfolgte die Berufung zum außerordentlichen Professor, obwohl er keine akademischen Titel erworben hatte. 1728 wurde er zum ordentlichen Professor ernannt. Auch in der kirchlichen Hierarchie stieg er kontinuierlich weiter auf. 1730 übernahm er nach dem Tod des Freundes und Mitstreiters seines Vaters, Paul Anton (1661–1730), das Amt eines Inspektors des Saalkreises, 1740 wurde er Archidiakon an der Marktkirche, mit 71 Jahren unter der Regierung Friedrich II. sogar noch Konsistorialrat. Diese Ämter stellten neben der Tätigkeit als Direktor der Stiftungen eine erhebliche Belastung dar. Sein Pfarramt an der Marktkirche nötigte ihn auch, wie schon die Berufung seines Vaters an die Ulrichskirche 1714, außerhalb der Stiftungen zu wohnen, was sich für diese nicht als günstig erwies. Durch große Selbstdisziplin und strenge Zeiteinteilung versuchte Gotthilf August, seinen vielfältigen Verpflichtungen gerecht zu werden. Sie hinderten ihn auch, in größerem Umfange als Autor hervorzutreten. Verdienste erwarb er sich um die Herausgabe von Schriften seines Vaters und seines Schwagers Freylinghausen. In seinem akademischen Lehramt widmete sich Gotthilf August Francke vor allem praktisch-theologischen Fragen, so setzte er die »Lectiones paranaeticae« seines Vaters fort. »Auch als Professor ist Francke ein Pastor geblieben, der er sein wollte; in seinen Lehrveranstaltungen hat die pietistische Forderung nach starkem Praxisbezug der akademischen Theologenausbildung – wohl nicht nur absichtlich – ihre äußerste Realisierung erfahren.«[69]

Mitarbeiter der zweiten Generation

Praktiker war und blieb Gotthilf August Francke aber in erster Linie bei der Leitung der Stiftungen, des Waisenhauses und der Schulen. Hier lag der Schwerpunkt seiner Wirksamkeit, hier war er am erfolgreichsten. Daß er sich dabei ab 1739 stark auf seinen Mitdirektor Johann Georg Knapp stützte, ist verständlich und unterstreicht dessen Bedeutung für die Stiftungsgeschichte, die für diese Zeit bisher nicht eingehend erforscht wurde. Erhellt werden muß auch noch die Bedeutung anderer Mitarbeiter Gotthilf August Franckes für die Entwicklung der Stiftungen bis zum Beginn des Siebenjährigen Krieges 1756. Auf einige wurde bereits verwiesen. Nicht alle können hier genannt werden.

Daß die Apotheke und die Medikamentenexpedition sich weiter gut entwickelten, ist vor allem Dr. David Samuel von Madai (1709 bis 1780) zu danken, der 1739 Nachfolger seines Schwiegervaters Dr. Christian Siegmund Richter wurde. Er nahm neue Medikamente in die Produktionspalette auf und gab eine weitverbreitete, in sieben Auflagen erschienene Beschreibung der halleschen Waisenhausarzneien heraus. Bis 1851 wurde die Waisenhausapotheke von Angehörigen der Familie Madai geleitet.

Unter Hieronymus Freyers Nachfolger (ab 1746) Johann Arnold Anton Zwick (1721-1778) ging der Besuch des für die Stiftungen so wichtigen Königlichen Pädagogiums spürbar zurück. Erst unter Johann Anton Niemeyer (1724-1765), der eine Enkeltochter August Hermann Franckes aus der Freylinghausenschen Familie geheiratet hatte, blühte das Pädagogium wieder auf.«... er war aber auch für diese Anstalt wie geboren. Seine Liebe zur Jugend, seine gebildeten Sitten, seine unermüdete Amtstreue, die Achtung, die er allgemein genoß, und seine Humanität gegen jedermann, nahmen alle für ihn ein.«[70]

Nicht den Mitarbeitern Gotthilf August Franckes im eigentlichen Sinn zuzurechnen, ist ein Mann, der in einer Zeit, in der keine neuen theologischen, pädagogischen oder sozialreformerischen Impulse von den Stiftungen ausgingen, noch einmal auf dem Gebiet der Frömmigkeit und der Erbauung Halle bekannt machte: Karl Heinrich von Bogatzky (1690–1774). Der aus einer in Schlesien ansässigen ungarischen Familie stammende Bogatzky war als junger Mann von einem der engsten Freunde August Hermann Franckes, dem Grafen Heinrich XXIV. von Reuß-Köstritz (1681–1748), gefördert worden, der ihm ein Jurastudium in Jena ermöglichte. 1715 kam er nach Halle und begann, Theologie zu studieren. Francke beeindruckte ihn tief, unter seinem Einfluß stellte er sein Leben ganz unter das Prinzip der Nachfolge Christi. Ein Amt nahm Bogatzky nach Abschluß des Studiums 1718 auf Dauer nicht an, er wirkte vor allem als pietistischer Seelsorger und Erbauungsschriftsteller. 1718 erschien im Verlag des Waisenhauses aus seiner Feder das »Güldene Schatzkästlein der Kinder Gottes deren Schatz im Himmel ist. Bestehend in auserlesnen Sprüchen der Hl. Schrift samt beygefügten erbaulichen Anmerkungen und Reimen«. Das Buch wurde in der Zeit von 1721 bis 1862 von Halle aus in 150 000 Exemplaren verbreitet, 1894 erschien die 62. Auflage. Auch Übersetzungen in andere Sprachen wurden vorgenommen. »Es handelt sich um ein kleines Andachtsbuch für jeden Tag des Jahres, das es auch als lose Blätter in einem Kästchen gab. In manchem ähnelt es den späteren Herrnhuter Losungen, mit denen es dann auch konkurrierte. Aufgenommen sind immer wieder auch Verse und Zitate aus der pietistischen Tradition. Bogatzky hatte so ein überaus beliebtes Hilfsmittel für die tägliche Frömmigkeitspraxis geschaffen, das er später durch dazugehörige Betrachtungen mit dem Titel ›Tägliches Hausbuch der Kinder Gottes‹ ergänzte.«[71]

1746 siedelte Bogatzky nach Halle über. Gotthilf August Francke stellte ihm eine Wohnung in den Stiftungen zur Verfügung. Er schrieb weitere Erbauungsbücher und Traktate, auch hielt er mit den Studenten Hausandachten ab. Bogatzky war neben August Hermann Francke der erfolgreichste Autor des Waisenhausverlages. »Die Titel allein seiner Schriften füllen in dem gedruckten Verlagskataloge der Buchhandlung der Stiftungen über fünf Seiten.«[72] In ihm lebte auch noch einmal die Lieddichtung des halleschen Pietismus in hervorragender Weise auf, wie das 1750 erschienene Buch »Übung der Gottseligkeit in allerlei geistlichen Liedern« zeigt. Zu den bis heute bekanntesten und vielgesungenen Liedern gehört »Wach auf, du Geist der ersten Zeugen«, dessen erste Strophe hier zitiert sei (vgl. EG 241):

> »Wach auf, du Geist der ersten Zeugen,
> die auf der Maur als treue Wächter stehn,
> die Tag und Nächte nimmer schweigen
> und die getrost dem Feind entgegengehn,
> ja deren Schall die ganze Welt durchdringt
> und aller Völker Scharen zu dir bringt.«

Karl Heinrich von Bogatzky starb am 15. Juni 1774 84jährig, er wurde in der St. Georgen Kirche in Glaucha beigesetzt. Durch ihn entfaltete der hallesche Pietismus auf dem Gebiet der Erbauungsliteratur erneut starke Impulse, die bis ins 19. Jahrhundert hinein auf die Erweckungsbewegungen wirkten.

Auch auf anderen Gebieten sank der hallesche Pietismus unter Gotthilf August Francke nicht etwa auf die Ebene des nur Provinziellen herab, es blieben die Franckeschen Stiftungen ein Zentrum weltweiter Beziehungen und Aktivitäten. Freilich, die Dynamik der Aufbruchszeit fehlte, dennoch wurde weiter erstaunliches geleistet. Dies war nicht zuletzt ein Verdienst Gotthilf August Franckes. Die Förderung des Reiches Gottes hatte auch für ihn globale Dimensionen. Der Pfarrer an der Londoner lutherischen Gemeinde St. Marien, Johann Gustav Burgmann (1744–1795), konnte deshalb 1770 in einem Trauergedicht feststellen:

> »Dies hat nicht Halle bloß seit langer Zeit erfahren,
> Wie Ihm der Seelen Heil, mit Ernst und lauterm Sinn,
> Recht an dem Herzen lag; Nein! bis nach Malabaren
> Erstreckt sich der Geruch von Seinem Dienste hin.«[73]

Und Friedrich Wilhelm Pasche (1728–1792), Lektor an der deutschen Hofkapelle zu St. James in London, dichtete im selben Jahr:

> »Viel Wichtges war dem theuren Mann,
> Wie jeder Ehrennahm entdecket,
> Vom HErrn vertraut. Ein weiter Plan,
> Ein weites Feld, das sich erstrecket
> Nach Ost und West, auch auf die Heiden;
> Das wüste Land zu grünen Weiden
> Und Garten GOttes anzubaun.«[74]

Indien und Nordamerika

Zwei Schwerpunkte der außereuropäischen, von den Franckeschen Stiftungen unter Gotthilf August Francke ausgehenden Wirkungen sind deutlich zu erkennen, die Fortführung der Missionsarbeit in Tranquebar an der malabarischen Küste in Indien verbunden mit der Förderung des Missionsgedankens allgemein und die Arbeit unter deutschen Einwanderern in Nordamerika, in Georgia und Pennsylvania.

Impulse für die Mission unter Juden und Moslems gingen von dem 1728 durch Johann Heinrich Callenberg (1694–1770) gegründeten Institutum Judaicum aus, das Traditionen des von August Hermann Francke und Johann Heinrich Michaelis (1663–1738) ins Leben gerufenen Collegium orientale aufnahm. Gotthilf August Francke unterstützte die Arbeit dieses Institutes, in dessen Mittelpunkt die Herausgabe bzw. Übersetzung der Bibel und christlicher Literatur in Hebräisch, Arabisch, Türkisch, Persisch, Syrisch, aber auch Neugriechisch und in indische Sprachen stand. »Die Schriften richten sich ... an vier verschiedene Adressatenkreise: Juden, Muslime, orientalische Christen und einheimische Förderer.«[75] Beachtliche wissenschaftliche Leistungen wurden erbracht, die missionarischen Erfolge der Veröffentlichungen waren relativ gering. Das Institut hatte seinen Sitz nicht in den Franckeschen Stiftungen, sondern in einem Haus am Großen Berlin in Halle, war also kein direkt mit den Stiftungen verbundenes Arbeitswerk. Im Gegensatz zur Juden- und Moslemmission erwies sich die Mission in Indien als er-

Abbildung eines »Parreier-Weibs« und eines Tagelöhners in Indien, 1732.

folgreich und führte schließlich zur Bildung einer eigenständigen indischen lutherischen Kirche in Tamil Nadu.

Mit der Gründung der Dänisch-Halleschen Mission und der Aufnahme ihrer Arbeit in Tranquebar 1706 durch die beiden halleschen Theologen Bartholomäus Ziegenbalg (1682–1719) und Heinrich Plütschau (1677–1747) begann die kontinuierliche protestantische Missionsarbeit, die sich auf einen ständig wachsenden Kreis von Förderern, zu denen keineswegs die offiziellen Kirchen gehörten, stützen konnte. Der hallesche Pietismus hatte dabei auf entscheidende Weise Pate gestanden. Von Anfang an hatten die halleschen Missionsbestrebungen auf dem Hintergrund der pietistischen Bekehrungstheologie August Hermann Franckes einen ökumenischen Ansatz. Durch Vermittlung von Anton Wilhelm Böhme (1673 bis 1722), Hofprediger an der lutherischen Kapelle des englischen Prinzgemahls Georg von Dänemark und Freund Franckes, bestanden enge Beziehungen zu der 1698 in London gegründeten Society for Promoting Christian Knowledge, deren korrespondierendes Mitglied August Hermann Francke ab 1699 war und die sich unter dem

Einfluß Böhmes den Missionsgedanken zu eigen machte. Sie unterstützte die Tranquebar-Mission materiell und richtete ab 1728 eigene Missionsstationen in englischen Niederlassungen in Indien ein.

Die von August Hermann Francke intensiv unterstützte und geförderte Tranquebar-Mission wurde zur Mutter protestantischer Missionsarbeit im 18. Jahrhundert und durch die »Halleschen Berichte« europaweit bekannt. Zum Erfolg der Missionsarbeit trug auch das soziale Engagement der Missionare und ihr Erziehungswerk bei, das nach Vorbild der Glauchaschen Anstalten in Tranquebar aufgebaut wurde. 1726 gab es dort 21 Schulen! Um 1732 zählten sechs Gemeinden fast 1500 Glieder. Die Notwendigkeit der Inkulturation und der Ausbildung einheimischer Lehrer und Prediger wurde in Halle erkannt. Am 28. Dezember 1733 erfolgte die Ordination des ersten indischen Christen Aaron (1698–1745), der, das sei am Rande erwähnt, als Amtstracht keinen schwarzen lutherischen Talar tragen mußte, sondern ein langes weißes Gewand nach einheimischer Sitte.

Gotthilf August Francke übernahm die Herausgabe der »Halleschen Berichte« wie auch die Leitung der Missionsangelegenheiten in Halle. Zusammen mit Johann Anastasius Freylinghausen war er 1720 zum Mitglied der Society for Promoting Christian Knowledge ernannt worden. Mit dem Nachfolger Anton Wilhelm Böhmes in London, Friedrich Michael Ziegenhagen (1694–1776), verband ihn eine lebenslange Freundschaft. Die »Halleschen Berichte« prägten im 18. Jahrhundert das deutsche und europäische Indienbild wesentlich mit. Sie vermittelten neben erbaulich-erwecklichen Impulsen im Sinne des Pietismus, durch die auch die Spendenbereitschaft weitester Kreise vom Fürsten bis zum Bauern und Handwerker gefördert wurde, eine Fülle wissenschaftlich wertvoller Kenntnisse über Religion, Geschichte, Kultur und Natur Indiens. Außerordentlich bedeutende Leistungen erbrachten die Missionare auf dem Gebiet der Sprachwissenschaft. »So schrieb zum Beispiel Benjamin Schultze [1689–1760] eine ›Grammatica Hindostanica‹ (Halle, 1745) und eine ›Grammatica Telugica‹ (Madras, 1728).«[76]

1730 wurden vom Waisenhaus aus etwa 600 Missionsberichte versandt, 1769 waren es 4800. In welcher Höhe ihre Verbreitung über den Buchhandel erfolgte, ist heute nicht mehr feststellbar. Sie wurden in mehrere Sprachen übersetzt, waren beliebter Stoff in pietistischen Lesekreisen und bildeten teilweise Lektüre für Schulen und Gymnasien. Geschichten aus den Missionsberichten wurden auch gern zur Illustration in Predigten herangezogen. Allerdings sind die Originalberichte der Missionare von Gotthilf August Francke – wie schon von seinem Vater – kritisch redigiert worden; er bekennt: »Odiosa pflege ich aus allen Tagebüchern [der Missionare] bei ihrer Herausgabe wegzulassen.«[77]

Die Berichte der Missionare bildeten die Grundlage für mehrere Bücher über die hallesche Indienmission im 18. Jahrhundert. Das Spendenaufkommen, durchschnittlich waren es 6000 Taler im Jahr, wurde dadurch erheblich gefördert. 1715 gab es in Württemberg sogar eine Landeskollekte für die ostindische Mission. Trotz nach wie vor nachweisbarer Erfolge ist die Blütezeit der halleschen Indienmission jedoch nach 1740 offenbar vorbei. Sie litt unter den zunehmenden kriegerischen Auseinandersetzungen zwischen den indischen Staaten wie auch mit den Europäern. In der Heimat waren ihr Aufklärung und Rationalismus nicht förderlich, obwohl pietistische Kreise der Mission treu blieben. Probleme bereitete es auch, geeignete Mitarbeiter zu finden. Die finanziellen Rahmenbedingungen für die Mission waren zunächst noch sehr gut. 1740 wurde ein Fond gegründet, dessen Erträge der Mission zugute kamen. Teilweise wurden bedeutende Stiftungen gemacht, so spendete 1754 der in Venedig lebende deutsche Kaufmann Sigismund Streit (1687–1775) 10 000 Taler, ein Jahr später nochmals 1500 Gulden zweckbestimmt für die Mission in Madras und Cudelur.

Die eigentliche Krise der halleschen Missionsaktivitäten trat erst in napoleonischer Zeit ein. »Halle war nicht weiter in der Lage, die Mission im nötigen Maße zu unterstützen. Seine Funktion als ideelles Zentrum und Motor der Mission hatte es schon lange verloren. 1837 starb der letzte Missionar, August Friedrich Caemmerer (1767 bis 1837), der die noch bestehenden Missionsstationen außerhalb der dänischen Kolonie im Jahre 1825 an die Society for Propagation of the Gospel in Foreign Parts (S.P.G.) übergeben hatte. Die Betreuung der Restgemeinde in Tranquebar wurde von der Administration in Kopenhagen dem Pfarrer der dänischen Gemeinde übertragen. Es war der 1836 in Dresden gegründeten Lutherischen Missionsgesellschaft (ab 1848 Leipziger Missionsgesellschaft) und insbesondere Heinrich Cordes (1813–1871) zu verdanken, daß die Leipziger

Mission im Jahre 1847 die Missionsstation in Tranquebar übernehmen und ein neues Kapitel in der Mission des deutschen Protestantismus aufschlagen konnte.«[78]

Ein weiteres wichtiges außereuropäisches Betätigungsfeld Gotthilf August Franckes und seiner unmittelbaren Nachfolger waren die englischen Kolonien in Nordamerika. Auch hierbei konnte an Aktivitäten August Hermann Franckes direkt angeknüpft werden, wurde sein Anliegen einer weltweiten Reform der Christenheit fortgeführt. Es war Philipp Jakob Spener (1635–1705), der August Hermann Francke auf die geistliche und soziale Not deutscher Auswanderer aufmerksam gemacht hatte. Francke nahm sich ihrer an. Mittelsmann war auch hier sein Schüler und Freund Anton Wilhelm Böhme. Dessen Nachfolger Friedrich Michael Ziegenhagen wurde ebenfalls ein wichtiger Koordinator für die Verbindungen des halleschen Pietismus nach Nordamerika und Südindien. Eine bedeutsame Rolle spielte in diesem Zusammenhang auch Samuel Urlsperger (1685–1772). Er hatte Francke in Halle besucht und war von dessen Zielen und Anstalten begeistert. Als er 1710 Pfarrer an der deutschen Savoykirche in London wurde, zu der auch Mitglieder des Hochadels gehörten, förderte er die von Halle ausgehenden Bestrebungen nach Kräften. Ab 1715 war Urlsperger Hofprediger in Stuttgart, wo ihn Francke auf seiner »Reise ins Reich« besuchte, ab 1722 Senior in Augsburg, das durch ihn zu einem pietistischen Zentrum in Süddeutschland wurde.

Die von August Hermann Francke direkt und indirekt geknüpften Verbindungen in die nordamerikanischen englischen Kolonien bildeten jedoch nur die Vorläufer für den starken Einfluß des halleschen Pietismus unter Gotthilf August Francke auf das amerikanische Luthertum im 18. Jahrhundert. 1731/32 wurde das protestantische Deutschland durch die Vertreibung von etwa 20 000 Lutheranern aus dem Erzbistum Salzburg bewegt und erregt. Fürsterzbischof Leopold Anton von Firmian (1679–1744) stellte seine Untertanen vor die Konsequenz, entweder römisch-katholisch zu werden oder auszuwandern. Das evangelische Deutschland unterstützte die teilweise im harten Winter Vertriebenen mit großer Anteilnahme und Opferbereitschaft. Brandenburg-Preußen bot vielen von ihnen in Ostpreußen eine neue Heimat. Auf besondere Weise nahm sich auch der hallesche Pietismus der Salzburger an. Die Initiativen gingen in erster Linie von Gotthilf August Francke und Samuel Urlsperger aus. Man leistete unmittelbare materielle Hilfe, kümmerte sich aber ebenso um die geistliche Betreuung, indem man Prediger und erbauliches Schrifttum zur Verfügung stellte.

Einige Hundert der Vertriebenen entschlossen sich, nach Nordamerika in die Kolonie Georgia auszuwandern. Sie wurden von zwei in Halle ausgebildeten Theologen, Martin Boltzius (1703-1765) und Israel Gronau (1714-1745), begleitet. Die Auswanderer gründeten 1734 in Georgia die Siedlung Eben-Ezer. Von Halle aus wurden sie bei dem schwierigen, von mancherlei Rückschlägen begleiteten Aufbauwerk tatkräftig finanziell wie auch seelsorgerlich unterstützt. Boltzius, die führende Persönlichkeit der Gemeinden, stand mit Gotthilf August Francke und Urlsperger in ständigem Briefkontakt. Beide versuchten, die lutherischen Gemeinden, die sich freilich nicht zu pietistischen Gemeinden im halleschen Sinn entwickelten, bis ins Detail hinein zu beeinflussen. So wandte sich Francke z. B. gegen die Idee der gemeinsamen Landbestellung, die er für einen frommen Wunsch hielt, der aber in der Praxis keinen langen Bestand haben würde. Auch vor den »Irrlehren« der Herrnhuter warnte er immer wieder. Wie sein Vater will er alles auf den unbedingten Glauben gegründet wissen. Am 2. September 1737 schrieb Francke an Boltzius, es sei die rechte Art des Glaubens, wenn man hofft, da nichts zu hoffen ist. In Halle sorgte man dafür, daß die Gemeinden in Georgia in Deutschland bekannt wurden und Spenden erhielten. Ab 1741 erschienen im Verlag des Waisenhauses »Nachrichten von der ... Colonie Salzburgischer Emigranten«.

Ein weiteres umfangreiches Betätigungsfeld für Francke in Halle und Ziegenhagen in London entwickelte sich ab 1742. Schon 1734 hatten sich drei deutsche lutherische Gemeinden aus Pennsylvania nach Halle mit der Bitte um Unterstützung und die Entsendung eines geeigneten Predigers gewandt. In Halle war man bereit zu helfen, begann Spenden zu sammeln, erlebte aber zunächst große Enttäuschungen mit vielen Verwicklungen, weil die Spendengelder in Pennsylvania veruntreut wurden. Am Vorhaben, einen tüchtigen, vom halleschen Pietismus geprägten Pfarrer den drei Gemeinden in Philadelphia, Providence und Neu Hannover zur Verfügung zu stellen, wurde festgehalten. Es dauerte jedoch noch Jahre, ehe es verwirklicht werden konnte, ehe ein geeigneter Kandidat gefunden war. Die Wahl fiel auf Heinrich Melchior Mühlenberg (1711–1787), seit 1738 Lehrer am Waisenhaus in Halle.

Ursprünglich wollte Mühlenberg Judenmissionar werden und war dann auch als Missionar für Ostindien vorgesehen. Es kam aber nicht dazu. 1739 erhielt er einen Ruf als Pfarrer nach Großhennersdorf. In diesem mit Zinzendorf und dem herrnhutischen Pietismus eng verbundenen Ort gab es ein Waisenhaus nach halleschem Vorbild. Die Entscheidung für die Aussendung Mühlenbergs nach Pennsylvania fiel in einem Gespräch mit Francke am 6. September 1741. Es dauerte noch bis zum 25. November 1742, ehe er seine Tätigkeit in Pennsylvania aufnehmen konnte. Die äußeren und inneren Bedingungen waren äußerst schwierig. »Ende November 1741 war ... Zinzendorf in Pennsylvania mit der Absicht eingetroffen, die deutschen Lutheraner unter dem Vorzeichen Herrnhuts und insbesondere seiner Person zur Einheit zusammenzufassen und war dabei weithin erfolgreich gewesen.«[79]

Mühlenberg gelang es im Laufe der Zeit sich durchzusetzen, stets bis in viele Einzelheiten hinein von Francke und Ziegenhagen beraten. Er sah in Francke seinen Vorgesetzten, und dieser widmete sich trotz seiner sonstigen zahlreichen Aufgaben intensiv den amerikanischen Angelegenheiten. Die materielle Unterstützung aus den Franckeschen Stiftungen in Halle war beträchtlich, sie reichte von Geld über Literatur und Arzneien bis hin zur Ermöglichung des Aufbaues einer Druckerei.

Es wurde nach bewährter hallescher Art auch nicht versäumt, publizistisch auf die amerikanischen Gemeinden in Pennsylvania aufmerksam zu machen, um Spenden für sie zu erhalten. Auf der Grundlage der Berichte Mühlenbergs erschien 1744 im Verlag des Waisenhauses die »Kurtze Nachricht von einigen Evangelischen Gemeinden in Amerika«, von der bis 1787 noch 16 Fortsetzungen folgten. Von zentraler Bedeutung blieb, daß von Halle immer wieder junge Theologen nach Pennsylvania geschickt wurden: von 1745 bis 1768 waren es zehn, bis 1786 folgten weitere vier. Mühlenberg selbst sandte 1763 seine drei Söhne zur Ausbildung nach Halle, von denen Friedrich (1750–1801) später Sprecher des amerikanischen Kongresses und Peter (1746–1807) Generalmajor der Miliz wurde. »Heinrich Melchior Mühlenberg wird heute als Patriarch der lutherischen Kirche Nordamerikas verehrt. Sein Lebenswerk war dort die Gründung einer landesweiten Kirchenorganisation vor dem Hintergrund seiner pietistischen Überzeugungen, die er aus Halle mitbrachte.«[80]

Ihm gelang als Erstem – das ist kirchengeschichtlich sehr bemerkenswert –, ein lutherisches Kirchenwesen unabhängig vom Staat zu gründen und dauerhaft zu organisieren. Die Pflege der nordamerikanischen Beziehungen, die sich auch als bedeutsam für die Geschichte der USA erwiesen haben, gehört zu den großen Verdiensten Gotthilf August Franckes. Die Ausstrahlungskraft der Franckeschen Stiftungen zeigte sich gerade hier bis gegen Ende des 18. Jahrhunderts auf beeindruckende Weise.

Der internationale Wirkungskreis der Franckeschen Stiftungen war nach dem Tode ihres Gründers August Hermann Francke zwar nicht mehr so vielfältig und weitgespannt wie in der Aufbruchsphase, dennoch aber nach wie vor vorhanden. Gotthilf August Francke setzte Schwerpunkte, das geboten allein schon die finanziellen Zwänge.

Halle und Preußen

Um eine Einrichtung wie die Stiftungen, die sich bis zur Mitte des 18. Jahrhunderts weiter im Wachstum befand und die zahlreiche Gegner und Neider hatte, erfolgreich zu führen, bedurfte es der Pflege guter Beziehungen zur brandenburgisch-preußischen Regierung in Berlin, insbesondere auch zum König. Von deren Wohlwollen hing weiterhin Entscheidendes ab.

Friedrich Wilhelm I. übertrug die Sympathie für August Herman Francke und seine Anstalten auch auf dessen Sohn. Johann Anastasius Freylinghausen und Gotthilf August Francke erhielten ebenfalls das Recht, sich jederzeit unmittelbar an den König zu wenden. Sie machten davon immer wieder Gebrauch. Als Gotthilf August Francke 1727 im Todesjahr seines Vaters am königlichen Hof in Berlin weilte, war er Mittelpunkt der Tafel. Allerdings ließ Kronprinz Friedrich (1712–1786) von Anfang an seine Abneigung gegen den halleschen Pietismus und Gotthilf August Francke, den er für einen »Mucker« hielt, deutlich merken. Bei einem Besuch Franckes 1733 am Hofe in Königs Wusterhausen zeigte der Kronprinz ganz unverhohlen seine Ablehnung. Er konnte den halleschen Pietisten ihre Rolle bei der Vertreibung des Philosophen Christian Wolff (1679–1764) von der Universität im Jahre 1723 nicht vergessen. Der andauernde Kampf des theologischen Wortführers des halleschen Pietismus, Joachim Lange (1670–1744), gegen den Wolffianismus bestärkte die Haltung des Kronprinzen. 1740 bestieg der Kronprinz als König Friedrich II. den preußischen Thron. Er bestätigte die Privilegien des Waisenhauses, wußte er doch um die eminente Bedeutung der Franckeschen Schulstadt und des Waisenhauses für seine Länder. Grundsätzlich schätzte er die in den Stiftungen geleistete Arbeit, die pietistische Lehre und Lebensform lehnte der sich zunehmend zu einem Freigeist entwickelnde König jedoch ab. Das bekamen Gotthilf August Francke und die Stiftungen deutlich zu spüren. Sichtbares Zeichen war die mit allen Ehren vom König veranlaßte Rückberufung Christian Wolffs nach Halle, der hier allerdings durchaus nicht mehr das frühere Ansehen genoß.

Ein anschauliches Beispiel für das Verhältnis des Königs zum halleschen Pietismus ist eine Weisung Friedrich II. vom Jahre 1745 in der Theaterfrage. Unter dem Einfluß August Hermann Franckes waren in Halle von der Regierung Theateraufführungen verboten worden, »Komödianten« mußten mit ihren Aufführungen in die nahegelegenen kursächsischen Dörfer ausweichen. Gotthilf August Francke hielt an dem Theaterverbot in Halle fest, es kam zu Auseinandersetzungen. Friedrich II. dekretierte daraufhin: »... Indeßen declariren Wir Euch hiemit ein- vor allemal, daß die Comödianten nicht von dort weggeschaffet werden sollen ... Sie sollen spielen, und Herr Francke, oder wie der Schurke heißet, soll dabei seindt ... Und dieses alles zum besten der vernünftigen Welt und zum Exempel der pharisierischen Pfaffen.«[81]

Nicht nur die politischen Bedingungen verschlechterten sich für den halleschen Pietismus, der am Berliner Hofe nach wie vor einflußreiche Förderer hatte, auch an der Universität verlor er zunehmend an Boden. Für Joachim Lange, den führenden Kopf der pietistischen Theologen, bedeutete die Rückberufung Wolffs eine unübersehbare persönliche Niederlage und signalisierte eine grundsätzliche Wende.

Eine pietistische Fakultät?

Die Theologische Fakultät hatte bald nach dem Tod Franckes 1727 mit Paul Anton (1730) und Joachim Justus Breithaupt (1732) die prägenden Persönlichkeiten der Gründerzeit verloren. An herausragenden Nachfolgern fehlte es, da Johann Jakob Rambach (1693-1735), der als vielversprechender pietistischer Theologe von Format galt, 1731 nach Gießen ging und bald darauf starb. Die pietistische Prägung der Fakultät blieb zunächst durchaus gewahrt, es trat jedoch ein Generationswechsel ein, durch den der Pietismus nach dem Tode Langes aus Mangel an prägenden Persönlichkeiten seine führende Stellung einbüßte.

Maßgeblich trug dazu Siegmund Jakob Baumgarten (1706-1757) bei, dessen Vater bereits zu den Erfurter Freunden Franckes gehört hatte. Baumgarten selbst war Schüler am Königlichen Pädagogium in den Stiftungen gewesen, hatte in Halle Theologie studiert, war einige Zeit Lehrer und Inspektor an der Lateinschule, wurde 1728 Adjunkt Gotthilf August Franckes an der halleschen Marktkirche und 1734 zum Professor der Theologie ernannt. Er öffnete sich, ohne sein pietistisches Erbe aufzugeben oder zu verleugnen, der Wolffschen Philosophie. Für ihn gab es keinen unüberbrückbaren Gegensatz zwischen Vernunft und Offenbarung. Baumgarten versuchte das Dogma, die göttliche Heilsordnung, an der er festhielt, mit der Vernunft in Einklang zu bringen und von daher auch vernünftig zu begründen. Er bereitete damit den Weg vom Pietismus zum Rationalismus. Joachim Lange hatte dies sehr bald erkannt und sich vergeblich dagegen gewandt. Baumgarten kam für die Theologische Fakultät in Halle und damit auch für die theologische Prägung der Mitarbeiter der Franckeschen Anstalten am Ausgang des 18. Jahrhunderts eine wichtige innere und äußere Brückenfunktion zu. Durch die Berufung seines Schülers Johann Salomo Semler (1725-1791), der während seines 1743 begonnenen Theologiestudiums in Halle in den Franckeschen Stiftungen gewohnt hatte, erreichte diese Entwicklung einen vorläufigen Abschluß. Semler kam 1752 als Professor der Theologie nach Halle. Er wurde zum Vertreter einer kritischen, »liberalen« Theologie auf der Grundlage eines undogmatischen, streng historischen Bibelverständnisses, bei dem zwischen der Bibel (Schrift) und dem Wort Gottes unterschieden wird. Die

Wahrheit des Christentums ließ sich für ihn mit der gesunden Vernunft begründen. Die hier nur angedeuteten Entwicklungen an der Theologischen Fakultät lassen den tiefgreifenden Wandlungsprozeß gegenüber den Überzeugungen der Gründergeneration der Fakultät unter August Hermann Francke erkennen. Die pietistischen Professoren wie Gotthilf August Francke (bis 1769) und Johann Georg Knapp (bis 1771) hatten keine große Bedeutung mehr.

Höhepunkt und Niedergang

Daß sich seit den vierziger Jahren des 18. Jahrhunderts die Rahmenbedingungen auf politischem und theologischem Gebiet für die Stiftungen verschlechterten und der aufgeklärte Zeitgeist dem pietistischen Sozial- und Erziehungswerk in der »Stadt Gottes« zunehmend kritisch gegenüberstand, wirkte sich auf diese nicht sofort negativ aus. Im Gegenteil, äußerlich erreichten die Stiftungen ihre größte Blüte. 1743 stieg die Zahl der Schüler des Königlichen Pädagogiums auf 550, einen neuen Höchststand. Insgesamt wuchs die Schülerzahl in den Stiftungen auf 2500 an. 200 Waisenkinder wurden versorgt. Auch die Bautätigkeit ging weiter, so wurde etwa 1745 das Mägdeleinhaus erneuert. Der Ankauf weiterer Güter und damit die Ausdehnung des Grundbesitzes in Halle und seiner unmittelbaren Umgebung wurde den Stiftungen allerdings 1746 durch königlichen Befehl verboten. Als 1754 dennoch das Rittergut Burgwall im benachbarten kursächsischen Dorf Reideburg für 13 300 Taler als letzte große Grunderwerbung der Stiftungen gelang, war dies nur durch einen juristischen Trick mit Hilfe eines Mittelsmannes möglich.

Ein beachtlicher Eingriff in die Ökonomie der Franckeschen Stiftungen war der Befehl Friedrich II. vom 11. Februar 1744, daß alle Waisenhäuser in seinen Ländern die Seidenraupenzucht aufzunehmen haben. Das bedeutete die Anpflanzung von Maulbeerbäumen im größeren Stil. Aus der Lombardei wurden Setzlinge bezogen. Große Anpflanzungen entstanden, »sie dehnten sich allmählich über den ganzen großen südöstlichen Garten aus, der davon den ... Namen der ›Plantage‹ erhalten hat. Weiter sind der südliche Teil des Feldgartens, große Striche des Waisengartens, der städtische Zwin-

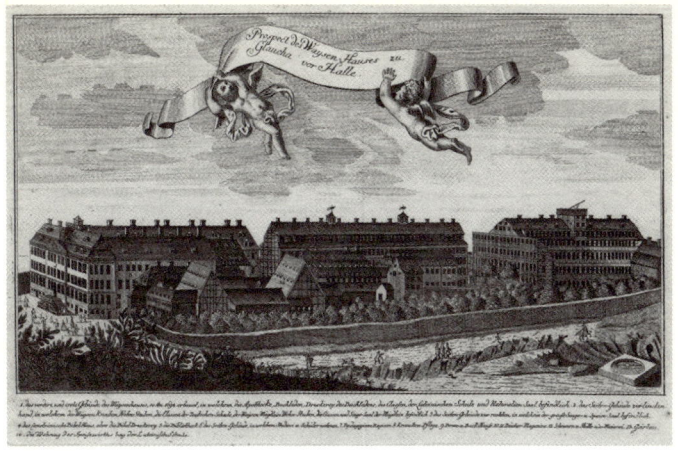

Gesamtansicht der Franckeschen Stiftungen von Süden mit Beschreibung der einzelnen Gebäude, Plätze, Gärten, 18. Jh.

ger, ein Weinberg in der Nähe der Nietleber Haide, endlich auch Äcker bei Canena und Reideburg zur Aufziehung vieler Tausend solcher Bäume verwendet worden. Während einiger Jahre brachte dieser Versuch wirklich Gewinn; teils durch Verkauf junger Bäume nach anderen Orten, teils durch Herstellung von Seide.«[82] Letztlich scheiterte dieses sehr aufwendige und belastende Projekt jedoch an den Witterungsbedingungen. Strenge Winter, so 1749 und 1751, vernichteten einen großen Teil des Baumbestandes.

Wirtschaftlich sehr bedeutsam für die Stiftungen blieben Buchdruck und Buchhandel ebenso wie der Medikamentenversand. Neben theologischer Literatur waren es Schulbücher, die sich reger Nachfrage erfreuten und gute Gewinne brachten. 1752 konnte z. B. ein Reinerlös von 4000 Talern verbucht werden. Als sehr erfolgreich erwies sich die Herausgabe von Werken antiker Autoren, der »antiken Klassiker«.

Der sichtbare wirtschaftliche Niedergang mit weitreichenden Auswirkungen auf alle Arbeitszweige der Stiftungen setzte, abgesehen von einzelnen Rückschlägen wie der großen Viehseuche von 1752, mit dem Siebenjährigen Krieg (1756–1763) ein. Durch Abgaben und Brandschatzungen wurden die Güter und ihr Viehbestand schwer geschädigt. Erhebliche Kontributionszahlungen waren in barem Geld aufzubringen. Dennoch wurden die Stiftungen wegen ihres guten Rufes und ihrer Sozialleistungen von den feindlichen Truppen und deren Befehlshabern wohlwollend behandelt.

> »Nicht leicht war ein feindliches Lager in der Nähe der Stadt, oder der Feind selbst in den Thoren, ohne daß die Generale und Officiere die Frankischen Stiftungen besucht hätten. Sie sahen sie nie ohne den Ausdruck der Hochachtung, und selbst der Rührung; versprachen den thätigsten Schutz, und leisteten ihn wirklich. ... Selbst feindliche Officiere legten oft große und kleine Beysteuern in die Armenbüchse, und bezahlten manches, was sie an Medikamenten und Büchern kauften, über den Werth.«[83]

Die Stiftungen bedankten sich durch kostenlos zur Verfügung gestellte Medikamente.

Der Stadt Halle ging es weitaus schlechter. Sie erlebte sieben Mal feindliche Besetzungen und mußte beispielsweise 1760 Kontributionszahlungen von 149 362 Talern entrichten, die Plünderungen im selben Jahr verursachten einen Schaden von 152 345 Talern. Trotz des Krieges und einer enormen Teuerung um das Jahr 1762, der Preis für einen Scheffel Roggen war von 33 Groschen im Jahre 1746 auf 5 Taler im Oktober 1762 gestiegen, führten die Stiftungen Schulen, Waisenhaus, Freitische usw. weiter. »Der Tisch des Waisenhauses war besetzter als je. Dennoch durfte keine einzige Mahlzeit ausfallen, sie durfte nicht einmal vermindert oder dürftiger eingerichtet werden.«[84] Das war eine enorme Leistung Gotthilf August Franckes und seiner Mitarbeiter.

Nach dem Ende des Siebenjährigen Krieges 1763 war der Zustand der Stadt Halle »ein trostloser«.[85] Die allgemeine Zeitlage mit ihren wirtschaftlichen Schwierigkeiten wirkte sich nun negativ auch voll auf die Einrichtungen der Franckeschen Stiftungen aus, obwohl in dieser Zeit zahlreiche Spenden aus Deutschland, England und der Schweiz zur Unterstützung verarmter Familien in Brandenburg-Preußen eingingen. Trotz einer Anleihe, die man 1764 aufnahm, konnte der Stiftungsbetrieb bei verringerten Schülerzahlen nur mit Mühe fortgeführt werden.

In der Zeit des Siebenjährigen Krieges kam zu den sonstigen Belastungen hinzu, daß die Wasserversorgung der Stiftungen zusammenbrach, so daß Wasser mit hohen Kosten aus der Saale herbeigeschafft werden mußte. Erst 1763 war die Wasserleitung wieder einsatzfähig. Kostspielige Reparaturen an Gebäuden waren vorzunehmen, so die Aufmauerung des großen Giebels des Langen Hauses, da der alte Fachwerkgiebel einzustürzen drohte. Insgesamt ist festzustellen: »Die Jahre 1763 bis 1769 zeichneten sich nicht durch besondere Merkwürdigkeiten aus, da die Directoren der Anstalten mehr auf Erhaltung als Erweiterung derselben zu denken hatten.«[86]

Zur Gesundung der wirtschaftlichen Lage wurde eine Reihe von Maßnahmen ergriffen, so die Verpachtung der Papiermühle in Kröllwitz an die Familie Keferstein. Als 1769 angeordnet wurde, daß in Zukunft alle Rechnungen der Stiftungen der Königlichen Oberrechenkammer in Berlin vorzulegen sind, fürchtete man eine Entmündigung der Stiftungen. Nicht zuletzt meinte man, es entstünde der Eindruck, die Stiftungen würden nun finanziell vom Staat getragen und es seien keine Spenden mehr notwendig. Die Direktoren kamen aber rückblickend zu dem Schluß: »Indessen war auch diese Publicität der Rechnungen das unverdächtigste Zeugniß der uneigennützigen Verwaltung von Seiten der Vorsteher, und die beste Widerlegung des so allgemein gewordenen Wahns, als ob das Waisenhaus so große Reichthümer besitze.«[87]

Die pietistischen Erben Gotthilf August Franckes

In dieser schwierigen Zeit starb am 2. September 1769 Gotthilf August Francke im Alter von 73 Jahren. Er war am 23. August ernstlich erkrankt. Der Medizinprofessor und damalige Prorektor der Universität, Friedrich Christian Juncker, der Waisenhausarzt David Samuel von Madai und der Mediziner Johann Andreas Ziegler hatten sich vergeblich um ihn bemüht. Der Tod Gotthilf August Franckes stellt einen beachtlichen Einschnitt in der Stiftungsgeschichte dar. Francke wurde ohne Abdankung und Leichenpredigt auf dem hallenschen Stadtgottesacker in der Familiengruft begraben. Noch bei Lebzeiten hatte er sich große Trauerfeierlichkeiten verbeten. Im Sing- und Betsaal des Waisenhauses hielt sein langjähriger Mitdirektor Johann Georg Knapp am 17. November 1769 eine Gedächtnisrede auf ihn. Aus der Feder von Juncker stammt der akademische

Nachruf seitens der Universität. In Halle gingen Kondolenzschreiben aus aller Welt ein, eine große Zahl von Trauergedichten entstand. Gotthilf August Franckes Neffe David Gottlieb Niemeyer (1745–1788), der damals Inspektor der lateinischen Schule war und später Pfarrer in Glaucha wurde, rief in einem Nachruf aus:

> »Dein Francke stirbt! o Waisenhaus!
> Genug für dich zum tiefsten Trauren.
> Dein Pfeiler sinkt; dein Glanz löscht aus;
> Drum klagen öde deine Mauren:
> In Ihm sinkt unsre Stütze hin;
> Drum klage nur, erschrockner Sinn.«[88]

Die Leitung der Franckeschen Stiftungen lag nun bei Johann Georg Knapp. Er bestimmte den einzigen Enkel August Hermann Franckes, Gottlieb Anastasius Freylinghausen, zum Mitdirektor. Damit war die Mitwirkung der Familie Franckes bei der Leitung der Stiftungen gewahrt. Der Vater des Berufenen, Johann Anastasius Freylinghausen, hatte bekanntlich von 1727 bis 1739 zusammen mit Gotthilf August Francke an der Spitze der Anstalten gestanden. Johann Georg Knapp überlebte Francke nicht lange. Er starb am 30. Juli 1771. Die Beerdigung in der Georgenkirche in Glaucha fand am 2. August statt. Über den Ablauf der Bestattungsfeierlichkeiten sind wir recht gut unterrichtet.

Am Nachmittag des 2. August 1771 um 3 Uhr versammelten sich vor dem Wohnhaus Knapps in den Stiftungen der Chor des Stadtgymnasiums, der Stadtsingechor, und alle 150 Waisenkinder. Auf dem Hof des Waisenhauses war eine große Menschenmenge zusammengekommen. Mehrere geistliche Lieder wurden gesungen. »Hierauf wurde die Leiche, unter dem Geläute sämtlicher Stadt- wie auch der Glauchischen Kirche, in diese letztere abgeführt. Die sämtlichen Waisenkinder gingen mit ihren Präceptoren vor der Leiche her.«[89] Während sich der Leichenzug in die Georgenkirche begab, wurden vom Altan des Waisenhauses geistliche Lieder gesungen. Für die Schüler der Lateinschule fand im Sing- und Betsaal des Waisenhauses unterdessen eine Gedenkversammlung statt, auf der Inspektor David Gottlieb Niemeyer eine Würdigung des Verstorbenen vornahm. In der Georgenkirche erwartete der Stadtsingechor den

Leichenzug. Während der Sarg in einem »Gewölbe« der Georgenkirche beigesetzt wurde, sang der Chor das von August Hermann Francke gedichtete Lied: »Gott lob! Ein Schritt zur Ewigkeit ist abermals vollendet« und andere Kirchenlieder. Am Abend dieses Tages sangen Waisenkinder auf dem Altan noch einmal geistliche Lieder.

Mit Knapp verloren die Stiftungen eine weitere führende Persönlichkeit der zweiten Generation, die sich der Erhaltung und Bewahrung des pietistischen Erbes in seiner unmittelbar von Francke geprägten Form verpflichtet wußte. Je länger je mehr war es dadurch zu Stillstand und Rückschritt gekommen. Das betraf besonders das Pädagogium. Die Schülerzahl sank bis auf 13! Andere Lehranstalten, so das Kloster Bergen, vor allem aber das der Aufklärung verbundene Philanthropinum in Dessau, galten nun als die modernsten Lehranstalten und zogen die Schüler an. Erst unter dem Inspektorat von August Hermann Niemeyer trat eine Wende ein.

Gottlieb Anastasius Freylinghausen (1719–1785) berief Johann Ludwig Schulze (1734–1799) zum Mitdirektor und Nachfolger Knapps, um auch für die Zukunft die Leitung der Stiftungen durch einen pietistischen Direktor zu sichern. Unter dem Direktorat Gottlieb Anastasius Freylinghausens setzte sich der Niedergang der Stiftungen rapid fort. Dazu trug neben der allgemeinen zeitgeschichtlichen Entwicklung und dem Fehlen ausstrahlungskräftiger Persönlichkeiten vor allem die gesamtwirtschaftliche Lage bei. 1771 bis 1773 herrschte eine große Teuerung verbunden mit einer Wirtschaftskrise. Angesichts der allgemeinen Not kamen die Stiftungen dennoch ihrem Versorgungsauftrag in ganz erstaunlicher Weise nach, mußten dazu aber Schulden machen. »Bey allen diesen drükkenden Umständen genoß man wenigstens die Freude des Wohlthuns, und durch eine hinlängliche Versorgung der Dürftigen mit gesunder Kost wurde ein anderes damals allgemein wüthendes Uebel verhütet, die ansteckende Krankheit; welche nur wenige im Waisenhause wohnende wegraffte.«[90] Manche Sparmaßnahme war schon vorher ergriffen worden, andere folgten. Die Zahl der Waisenkinder wurde reduziert und Medikamente konnten nicht mehr kostenlos an Arme abgegeben werden.

Gottlieb Anastasius Freylinghausen suchte diese negative Entwicklung zu bremsen, sogar sehr persönlich durch Verzicht auf einen Teil seines Gehaltes. Erfolge waren ihm nicht beschieden. Am 18. Februar 1785 starb Gottlieb Anastasius Freylinghausen. Von Natur aus kränklich, schüchtern und zurückhaltend, erwies sich für ihn das Amt des Stiftungsdirektors als eine große Last, die ihn insgesamt überforderte. Er war der letzte Pietist im Sinne des Gründers, der an der Spitze der Franckeschen Stiftungen stand. Von Kindheit an durch den Geist des halleschen Pietismus geprägt, immer im Raum der Stiftungen lebend, war ihm die nichtpietistische Welt kaum bekannt. Er konnte deshalb das pietistische Erbe, welches ihm so am Herzen lag, nicht lebendig und wirkungsvoll in die neue Zeit einbringen.

»Das Hauptgesetz«, das er sich als Direktor der Stiftungen auferlegt hatte, urteilte August Hermann Niemeyer (1754–1828), war, »nie ohne die dringendste Noth von dem Plane des Stifters und Seiner ersten Nachfolger abzugehen«.[91] Kleinigkeiten lagen ihm mehr am Herzen als strategische Entscheidungen. »Daher änderte sich unter Seiner Direction nichts Erhebliches, weder in der Administration des Ganzen, noch in den Schulen.«[92]

Gottlieb Anastasius Freylinghausen, der Enkel August Hermann Franckes, steht am Ende der pietistischen Epoche der Geschichte der Franckeschen Stiftungen.

IV. Tradition und Wandlung (1785-2000)

Die Franckeschen Stiftungen befanden sich am Ende ihrer pietistischen Epoche im Niedergang. Ihre Schulen galten nicht mehr als modern und zukunftsorientiert. Das pädagogische Konzept schien überholt. Die allgemeine wirtschaftliche Lage der Stiftungen verschlechterte sich zusehends. Das wiederum wirkte sich negativ auf ihre sozialen Aktivitäten aus.

»Die Zahl der Waisenkinder wurde mehr und mehr beschränkt, so daß 1798 anstatt der frühern 200 nur noch 105 (75 Knaben und 30 Mädchen) erhalten wurden. Die Freitische für arme Studirende, mit Ausnahme derer, welche Unterricht ertheilten und lieber Kost als Bezahlung nahmen, giengen ganz ein, die für arme Schüler wurden um zwei Drittel beschränkt, so daß wenn früher die Zahl der frei Gespeisten bis über 700 gestiegen war, sie damals kaum 200 betrug.«[93]

August Hermann Niemeyer

Um die innere und äußere Krise der Stiftungen überwinden zu helfen, wandte sich der damalige Direktor Johann Ludwig Schulze (1734-1799) an den preußischen Staat, dem am Erhalt der für Preußen in der Vergangenheit so wichtigen Schulstadt gelegen sein mußte. Der für das Kirchen- und Schulwesen zuständige Minister Karl Abraham von Zedlitz berief 1799 zwei Mitdirektoren. Es waren die halleschen Theologieprofessoren Georg Christian Knapp (1753-1825), dessen Vater von 1769 bis 1771 Direktor der Stiftungen war, und August Hermann Niemeyer (1754-1828), ein Urenkel August Hermann Franckes. Insbesondere die Berufung Niemeyers sollte sich als sehr bedeutsam für die weitere Entwicklung der Stiftungen erweisen.

August Hermann Niemeyer, 1816.

August Hermann Niemeyer war seit 1784 Professor der Theologie und Inspektor am Pädagogium regium. Mit Niemeyer stand wieder, wenn zunächst auch nicht allein, eine dynamische und ausstrahlungskräftige Persönlichkeit an der Spitze der Stiftungen, die als Wissenschaftler und als Mensch gleichermaßen beeindruckte. Zu den Reformen, die Niemeyer nach innen in Gang setzte, gehörte vor allem ein neues pädagogisches Konzept im Geiste der gemäßigten Aufklärung. Unter seinem Direktorat traten die Franckeschen Stiftungen mit Rückgriff auf ihre große Tradition und den guten Namen ihres Gründers wieder stärker mit Publikationen in die Erscheinung. Auch das kam der Anziehungskraft ihrer Lehranstalten zugute.

Gleichzeitig gelang es Niemeyer, wie einst seinem Urgroßvater, das Interesse und damit die Unterstützung des preußischen Königs für die Stiftungen zu wecken. Nach einem Besuch von Friedrich

Wilhelm III. und der später so populären Königin Luise am 4. Juli 1799 in den Stiftungen wurde ihnen durch Kabinettsorder eine jährliche Zuwendung von 4000 Talern gewährt. Zur Erhaltung der Bausubstanz bewilligte der König im Jahre 1802 nochmals etwa 16 000 Taler. Weitere Unterstützungen folgten, da die selbständig erwirtschafteten Mittel der Stiftungen immer stärker zurückgingen. König Friedrich Wilhelm III. war davon überzeugt, daß der preußische Staat den Stiftungen gegenüber eine Dankespflicht habe. Am 26. April 1806 schrieb er an die Staatsminister von Massow und von Angern: »Anstalten, wie diese, die ein ganzes Jahrhundert hindurch ohne alle Unterstützung von Seiten des Staats demselben Tausende der geschicktesten und besten Diener gebildet, und noch mehrere hülfslose Waisen ernähret, und zu fleißigen und nützlichen Staatsbürgern erzogen haben, haben die gegründetsten Ansprüche an den Staat, die Sorge für die Erhaltung ihrer wohlthätigen Wirksamkeit zu übernehmen.«[94] Die Niederlage Preußens gegen Napoleon in der Schlacht von Jena und Auerstedt im Oktober 1806 verhinderte jedoch alle vorgesehenen weiteren Hilfsmaßnahmen.

Die wirtschaftliche Lage der Stiftungen verschlechterte sich – nicht zuletzt durch Kontributionszahlungen – erneut dramatisch. Hinzu kam, daß ihr Direktor Niemeyer nach Frankreich deportiert wurde. Es gelang ihm dort, Kontakte zu einflußreichen Ministern des neugegründeten Königreichs Westfalen zu knüpfen, zu dem Halle nun gehörte. Seinem diplomatischen Geschick war es zu verdanken, daß er nach seiner Rückkehr sowie seiner Berufung zum Kanzler der wiederhergestellten Universität Halle am 1. Januar 1808 die westfälische Regierung dazu bewegen konnte, in der Nachfolge des preußischen Staates dessen Zusagen den Stiftungen gegenüber zu übernehmen. Damit war der Untergang der Stiftungen abgewendet, sogar Neuerungen wurden möglich.

Der Aufschwung unter den neuen Verhältnissen zeigte sich auch darin, daß 1808 die beiden städtischen Gymnasien, das lutherische und das reformierte, mit der Lateinschule in den Stiftungen zur »halleschen Hauptschule« vereinigt wurden. Durch das lutherische Gymnasium kam der traditionsreiche Stadtsingechor in die Stiftungen. 1810 nahm eine Realschule in den Stiftungen ihre Arbeit auf.

Niemeyer, der die Fühlungnahme mit dem preußischen König und den Berliner Ministerien auch in der napoleonischen Zeit nie hatte abreißen lassen, konnte die Stiftungen nach dem Untergang des Königreichs Westfalen bruchlos in die preußische Verwaltung zurückführen und ihnen das Wohlwollen des Königs erhalten. Ab 1814 flossen die Unterstützungsgelder wieder reichlicher, auch einige große Spenden bzw. Erbschaften gingen ein. Neubauten waren möglich, so der Anbau des »Aktussaals« an das Pädagogium und der Bau einer Sommerwohnung für Niemeyer.

Am 7. Juli 1828 starb August Hermann Niemeyer. Das Stiftungsdirektorat war von ihm in einer Zeit des Niedergangs übernommen worden, er hatte die Stiftungen durch schwierigste politische und wirtschaftliche Verhältnisse geführt, erneuert und gefestigt. Niemeyer gilt deshalb als der »zweite Gründer« der Franckeschen Stiftungen. Sie waren wieder eine angesehene Schulstadt, freilich keine pietistische Stadt Gottes mehr. Der Preis, den Niemeyer zahlte, bestand im Verlust der relativen Selbständigkeit gegenüber dem preußischen Staat, in der festen Einbindung der Stiftungen in das staatliche preußische Bildungswesen. August Hermann Francke und sein Anliegen blieben dennoch lebendig, wie 1829 durch die Errichtung eines von Christian Daniel Rauch (1777–1857) geschaffenen Denkmals August Hermann Franckes am Ende des Lindenhofes augenfällig unterstrichen wurde.

Am 13. August 1832 erließ der preußische Staat ein »Reglement für die Verwaltung der Franckeschen Stiftungen zu Halle a. Saale«. Alte Privilegien der Stiftungen wurden darin zwar bestätigt, die Entscheidungsfreiheit des Direktors, der nun der Provinzialschulbehörde unterstand, war jedoch eingeschränkt worden. Die starke finanzielle Abhängigkeit vom Staat engte die Spielräume der Stiftungen ohnehin erheblich ein.

Hermann Agathon Niemeyer

Nach einer durch Krankheit (Johann Ludwig Jacobs – 1788–1829) und Rücktritt (Johann Carl Thilo – 1794–1853) der Direktoren bedingten Übergangszeit trat 1830 für 21 Jahre Hermann Agathon Niemeyer (1803–1851), der zweite Sohn August Hermann Niemeyers, an die Spitze der Stiftungen. »Wie mit Ludwig Schulze an dieser Stelle der alte Pietismus sich ausgelebt hatte, so nun wieder mit Agathon Niemeyer der Rationalismus. Der neue Direktor, nach vielen Seiten der Erbe der hohen pädagogischen Begabung seines Vaters, ist der Schöpfer von drei neuen Schulen geworden.«[95]

Zu seinen umfangreichen pädagogischen Neuerungen und Reformen innerhalb des Schulwesens der Stiftungen gehörte die Reorganisierung der Realschule 1835. 1836 nahm eine »höhere Töchterschule« ihre Arbeit auf, die sich bald sehr großen Zulaufs erfreute und aus der später das Lyzeum hervorging. Eine Vorbereitungsschule für künftige Gymnasiasten und Realschüler entstand 1845. Es gab »in der Mitte des Jahrhunderts neun Schulen in den Franckeschen Stiftungen: das Königliche Pädagogium, die Lateinische Hauptschule, die Realschule, die höhere Töchterschule, die Bürgerschulen für Knaben und für Mädchen, die Vorbereitungsschule und die Freischulen für Knaben und für Mädchen.«[96]

Unter Agathon Niemeyer zog der ehemals verpönte Sport in den Stiftungen ein. 1838/39 entstanden ein Sportplatz, eine Turnhalle wurde gebaut, und man schaffte Turngeräte an. Auch trat nach 1833 an die Stelle des Fachsystems in den Schulen das neuzeitliche Klassensystem. Zur Anziehungskraft der Schulen trug, wie schon zu Franckes Zeiten, eine Reihe hervorragender Lehrer bei. Unter ihnen sind vor allem Hermann Adalbert Daniel (1812-1871) und Friedrich August Eckstein (1810-1885) zu nennen. Sie wirkten nicht nur innerhalb der Stiftungen als prägende, hochgeschätzte Lehrer und Erzieher, ihre Ausstrahlungskraft ging weit darüber hinaus. Daniel machte sich als Schulbuchautor in ganz Deutschland einen Namen, Eckstein, der der Pädagogik Diesterwegs nahestand, galt als einer der besten Kenner der lateinischen Sprache.

Agathon Niemeyer war darauf bedacht, die herkömmlichen wirtschaftlichen Grundlagen der Stiftungen zu stärken und zu modernisieren. Es gelang ihm, die Einnahmen der Waisenhausapotheke zu steigern sowie Umsatz und Gewinn der Waisenhausdruckerei und -buchhandlung durch Drucklegung und Vertrieb von Schulbüchern bedeutend zu erhöhen. Auch für die Belebung der Arbeit der Cansteinschen Bibelanstalt engagierte er sich. Er regte eine später sehr erfolgreiche Revision des Textes der Lutherbibel an. Selbstverständlich erfolgten unter seinem Direktorat auch Baumaßnahmen in den Stiftungen, so die Erneuerung des Westflügels des Pädagogiums.

Der Direktor der Franckeschen Stiftungen behielt nach dem »Reglement« von 1832 das Recht, seinen Nachfolger zu benennen, allerdings hatte sich der Staat ausdrücklich ein Einspruchsrecht vorbehalten. Agathon Niemeyer bestimmte Friedrich August Eckstein, der seit 1848 Kondirektor der Stiftungen war, zu seinem Nachfolger. Eckstein, der ebenso wie Agathon Niemeyer religiös und politisch liberalen Ideen nahestand und in diesem Sinne hervorgetreten war, erschien jedoch in der konservativen Periode nach der Niederschlagung der Revolution von 1848/49 für die preußische Regierung als Direktor einer so großen und einflußreichen Schulstadt, wie es die Stiftungen zu diesem Zeitpunkt wieder waren, ungeeignet.

Pädagogen als Stiftungsdirektoren

Als Agathon Niemeyer 1851 starb, setzte sich die preußische Regierung über seine Nachfolgeregelung hinweg. Nach einer von Spannungen geprägten Übergangszeit wurde im Frühjahr 1853 Gustav Kramer (1806–1888) – theologisch wie politisch konservativ – zum neuen Direktor berufen, Eckstein blieb Kondirektor. Die Ära der Direktoren aus der Familie August Hermann Franckes war damit zuende! Anstelle von Theologen übernahmen nun Pädagogen die Leitung der Stiftungen. Gustav Kramer, der bis zu seiner Berufung Direktor des Französischen Gymnasiums in Berlin war, baute das Schulsystem der Stiftungen weiter aus. 1863, im Jahr des 200. Geburtstages August Hermann Franckes, wurden in neun Schulen 3496 Schülerinnen und Schüler unterrichtet. Die Stiftungen stießen damit an die Grenze ihrer Kapazität. Schulneubauten waren unumgänglich. 1857 erhielt die Realschule – ab 1882 Realgymnasium – ein neues Gebäude. Auch die Apotheke zog 1869/70 aus den traditionsreichen Räumen im Erdgeschoß des Waisenhauses in einen Neubau im Apothekergarten hinter dem Pädagogium um. Das Pädagogium war zu dieser Zeit in Konkurrenz zum städtischen Gymnasium allerdings nicht mehr zu halten und wurde aufgelöst. Sein Alumnat blieb jedoch bestehen, so daß es zusammen mit der Waisen- und Pensionsanstalt nach wie vor drei Internate in den Stiftungen gab.

Auch eine Typhusepidemie, die durch das Eindringen von Abwässern einer chemischen Fabrik in das Wasserleitungssystem der Stiftungen 1871 ausgebrochen war, konnte die positive Entwicklung der Schulstadt während des 25jährigen Direktorats Gustav Kramers nicht nachhaltig beeinflussen. Zu den Verdiensten Kramers gehört, daß er sich der wissenschaftlichen Erforschung von Leben und Werk August Hermann Franckes widmete und eine bis heute bedeutende zweibändige Francke-Biographie (1882/83) erarbeitete.

Das wilhelminische Deutschland

Nach der Pensionierung Kramers im Jahre 1878 wurde sein Kondirektor Theodor Adler (1813–1883) neuer Stiftungsdirektor. Aus gesundheitlichen Gründen mußte Adler schon 1880 das Amt wieder abgeben. An die Spitze der Stiftungen trat der Pädagoge Dr. Otto Frick (1832–1892).

Wie manche seiner Vorgänger mußte Frick zunächst erneut die wirtschaftlichen Grundlagen der Stiftungen sichern. Auch er wandte sich dabei an den Landesherrn, Kaiser Wilhelm I. Bei einer Audienz am 27. Oktober 1880 erreichte Frick, der betont hatte, er wolle nicht zum Totengräber der Stiftungen werden, daß seitens des Staates die Zuschüsse erheblich und dauerhaft erhöht wurden. Auch der Erwerb des Gutes Stichelsdorf bei Halle (1890) diente der wirtschaftlichen Sicherung der Stiftungen und der Versorgung ihrer zahlreichen Bewohner, unter denen die »Waisenkinder« nach wie vor einen wichtigen Platz einnahmen. Frick war ein fähiger und begeisterter Pädagoge, der versuchte, auf zeitgemäße Weise an die Stiftungstraditionen anzuknüpfen. So nahm er u.a. Franckes Anliegen der Lehrerfortbildung auf und beeinflußte auf dem Gebiet der Didaktik das gesamte preußische Schulwesen.

Ebenso wichtig wie das pädagogische Erbe der Stiftungen war ihm das geistliche. Hier neue Wege zu gehen, war angesichts der beginnenden Säkularisierung in Mitteldeutschland schwierig. Otto Frick, der als Synodaler selbst kirchlich stark engagiert war, führte monatliche Gottesdienste für die Stiftungsangehörigen im Sing- und Betsaal des Waisenhauses, dem heutigen Freylinghausen-Saal, ein. Unter seinem Direktorat kam die bereits von Agathon Niemeyer angeregte Revision der in der Cansteinschen Bibelanstalt gedruckten Lutherbibel zum Abschluß. Nach dem frühen Tod Fricks im Jahre 1892 wurde, das war inzwischen fast zur Tradition geworden, sein

Kondirektor, der Pädagoge Dr. Wilhelm Fries (1845–1928), neuer Direktor. Blüte und Untergang des wilhelminischen Kaiserreiches fallen in sein Direktorat. Unter Fries, einer von tiefer christlicher Frömmigkeit geprägten Perönlichkeit, erlebten die Stiftungen ihren letzten »christlichen Höhepunkt«.

Die Schullandschaft in den Stiftungen veränderte sich weiter, Neugliederungen und Reformen wurden durchgeführt, die sich aber im Rahmen der gesamtgesellschaftlichen Entwicklungen bewegten. Dazu gehörte z. B., daß die Ausbildung von Lehrerinnen erheblich an Bedeutung gewann. Drei Schulneubauten konnten errichtet werden, es entstanden die »Rote Schule« für die höhere Mädchenschule (1894/96), die Lateinische Hauptschule (1904) und die Oberrealschule (1914). Neben anderen Baumaßnahmen wurde die Errichtung einer zweiten Turnhalle notwendig.

Die Zahl der Schülerinnen und Schüler in den Stiftungen war im Vergleich zur Mitte des 19. Jahrhunderts zurückgegangen. Im Jahre 1911 betrug sie beispielsweise 3056. Die Ausstrahlung der Stiftungen auf die Stadt Halle und weit darüber hinaus blieb dennoch groß. Äußerlich waren sie immer noch eine durch Mauern und Tore abgeschlossene Schulstadt, was ihr breitgefächertes Innenleben keineswegs behinderte, sondern für viele Bewohner eher noch reizvoller machte. »Die Jahrzehnte vor dem Ausbruch des Weltkrieges waren unter Wilhelm Fries eine Blütezeit der Franckeschen Stiftungen. Die Altschüler haben in ihren Erinnerungen ihr ganzes Leben hindurch ihrer Schulzeit in den Stiftungen ein treues Andenken bewahrt. Besonders diejenigen, die in den kargen Stuben der Waisenanstalt wohnten, wissen von den einfachen, aber auch oft ausgelassenen Internatsjahren zu erzählen, von der strengen Hausordnung und wie man sie umgehen konnte, von den Erziehern, die die Aufsicht führten, von den Hierarchien unter den Schülern, von den Mahlzeiten im Speisesaal und vom Unterricht in den Schulen. Eine große Rolle spielten die Schülervereine, die in den letzten Jahrzehnten entstanden waren: insbesondere der Schülerturnverein ›Friesen‹, der Schülerturnverein ›Jahn‹, der Schülergesangsverein ›Loreley‹ und die Schülermusikkapelle. Sie erfreuten sich damals großen Zuspruchs.«[97]

Der Erste Weltkrieg beeinträchtigte das Leben in den Stiftungen und ihre Entwicklung nachhaltig. Es gab bald Kriegsopfer unter

Lehrern und Schulabgängern, am Ende des Krieges waren es 217 Lehrer und Schüler der Latina und 192 Lehrer und Schüler der Oberrealschule, die ums Leben gekommen waren. Die wirtschaftliche Situation verschlechterte sich besonders für die Waisenkinder erheblich. »Die seit jeher als oberste Tugend gepredigte Sparsamkeit nahm in den sensiblen Bereichen Essen und Kleidung befremdliche Ausmaße an. Die Butter zum Frühstück wurde einbehalten, damit die Zöglinge ›lernen, ein Opfer zu bringen‹. Zur Behebung von Seifen- und Zuckerknappheit sollten die Waisenkinder selber Vorschläge machen, neue Schuhe wurden nicht mehr angeschafft und die Zöglinge zum Barfußgehen aufgefordert, die Herstellung der vorgeschriebenen Anstaltskleidung erfolgte aus billigstem Papierstoff.«[98]

Mit dem Zusammenbruch des Kaiserreiches im November 1918 zerbrach auch die über zwei Jahrhunderte währende Kooperation zwischen den Stiftungen und dem preußischen Königshaus, die 1903 durch den Besuch Wilhelms II. und der Kaiserin Auguste Victoria in den Stiftungen nochmals einen sichtbaren Ausdruck gefunden hatte.

Weimarer Republik

Die Lösung von den alten Verhältnissen erfolgte in den Franckeschen Stiftungen wie anderwärts in Deutschland nur teilweise und sehr widersprüchlich. Wilhelm Fries mußte 1920 im letzten Jahr seines Direktorats erleben, daß das Stiftungsgelände in die Kämpfe zwischen bewaffneten Arbeitern und der Reichswehr hineingezogen wurde.

1921 wurde der Pädagoge Dr. August Nebe (1864-1943) zum Stiftungsdirektor berufen, an seine Seite trat als Kondirektor der Direktor der Latina, Dr. Walther Michaelis (1873-1967). Beiden oblag die schwierige Aufgabe der inneren und äußeren Standortfindung in der Zeit der Weimarer Republik. Zunächst galt es angesichts von Inflation und wirtschaftlicher Krise das äußere Überleben der Stiftungen zu sichern. Doch auch das neue, demokratische Preußen und seine legislativen und exekutiven Organe bekannten sich - anders als die Stadt Halle - zu ihren gegenwärtigen und zukünftigen Ver-

Die Schülermusikkapelle S.M.C. der Franckeschen Stiftungen vor dem Francke-Denkmal, um 1925.

pflichtungen gegenüber der größten und traditionsreichsten preußischen Schulstadt.

Harte Einschnitte in die bisherigen inneren Strukturen konnten jedoch nicht ausbleiben. Neben dem Rückgang der Schülerzahlen, besonders in den Mittelschulen, ist u. a. die Überführung des Lyzeums, der höheren Mädchenschule, in die Trägerschaft des Staates zu nennen. Auch ein Schulgebäude wurde aus dem Stiftungsbesitz ausgegliedert. Wichtigste und angesehenste Schule der Stiftungen blieb die Latina, die Lateinische Hauptschule. Eine Sprachheilschule und eine Hilfsschule in städtischer Trägerschaft befanden sich nun ebenfalls in den Stiftungen. 1929 wurde ein Sprachenkonvikt für Theologiestudenten gegründet, das beide totalitären Regime überdauern sollte.[99] In den Schulen versuchte man, sich neuen pädagogischen Erkenntnissen der Zeit zu öffnen, manche überlebte Tradition verschwand.

Einen besonderen Aufschwung nahmen die sportlichen Aktivitäten in den Stiftungen. Der 1922 angelegte neue Sportplatz war eine wichtige Voraussetzung dafür, daß die auf Initiative der Latina regelmäßig stattfindenden Mitteldeutschen Schülerkampfspiele durchgeführt werden konnten. Das geistlich-kirchliche Leben wurde freier und zwangloser, blieb aber grundsätzlich durch die Tätigkeit eines Stiftungspfarrers, der gleichzeitig an der St. Georgen Kirche in Glaucha Dienst tat, sichtbar und lebendig. Auch die in August Hermann Francke und seinem Wirken verwurzelte Stiftungsidentität behielt ihre Bedeutung. Die Feierlichkeiten im Sommer 1927 anläßlich des 200. Todestags Franckes fanden weit über Halle hinaus Beachtung.

In den »goldenen« zwanziger Jahren, zwischen 1925 und 1929, schienen sich die Franckeschen Stiftungen von den Folgen des Weltkrieges und der Inflation zu erholen. Doch auch hier handelte es sich nur um eine Scheinblüte. Durch die Weltwirtschaftskrise verschärfte sich ab Herbst 1929 die wirtschaftliche Lage der Stiftungen dramatisch, u. a. durch geschäftliche Verluste ihrer erwerbenden Betriebe – Buchdruckerei und Verlag. Wieder mußte der preußische Staat eingreifen. Nach langwierigen Verhandlungen wurde 1930 das Stiftungsreglement von 1832 geändert. Es erfolgten »Reformen«, die einschneidend waren. Das Amt des Stiftungsdirektors wurde abgeschafft. Die Leitung der Stiftungen sollte von nun an der Rektor der Lateinischen Hauptschule, der Latina, unterstützt von einem Prokurator aus dem Kreis der Staatsbeamten, ehrenamtlich übernehmen. Der Stiftungsdirektor Geheimrat Dr. August Nebe trat angesichts dieser Neuordnung am 1. Juli 1931 von seinem Amt zurück.

Neuer Direktor wurde sein bisheriger Stellvertreter Dr. Walther Michaelis, der Rektor der Latina. Die Stiftungen hatten zwar nach dem neuen Reglement ihre formale Selbständigkeit bewahrt, ihr tatsächlicher Handlungsspielraum gegenüber dem Staat war jedoch auf ein Minimum gesunken. Das sollte sich nach der Machtübernahme Hitlers im Januar 1933 als besonders verhängnisvoll erweisen.

Nationalsozialismus

Das Direktorium versprach sich von den neuen Verhältnissen eine wirtschaftliche Konsolidierung der Stiftungen und ihrer Arbeits- und Tätigkeitsfelder. Der Stiftungsdirektor bekannte sich im Sommer 1933 in einem Aufruf einerseits zu den nationalsozialistischen Erziehungszielen und andererseits zu den Grundsätzen evangelischen Christentums. Dieses in sich spannungsreiche Prinzip war in der Folgezeit schwer durchzuhalten. Sämtliche nationalsozialisti-

Aufzug von Schülern in HJ-Kleidung in den Franckeschen Stiftungen, 1933.

schen Kinder- und Jugendorganisationen hielten Einzug in die Schulen und Stiftungsanstalten. Das Lehrerkollegium, nach einiger Zeit zum größten Teil aus Parteimitgliedern bestehend, war innerlich gespalten. Gelegentlich trat dies auch äußerlich hervor, so als Studienrat Dr. Friedrich Helling-Viol, ein Gegner des Nationalsozialismus, bei einer Auseinandersetzung mit dem Musiklehrer, der Inhaber des goldenen Parteiabzeichens, war einen Schlaganfall erlitt, an dessen Folgen er starb.

Um den Preis nicht weniger Kompromisse behielten die Stiftungen dennoch ihr Eigenleben, blieben ihre Traditionen lebendig, allerdings von Partei und Staat mit Mißtrauen beobachtet und gegebenenfalls entsprechend gegängelt. So mußte das ehemals sehr rege Schülervereinsleben schließlich ganz aufgegeben werden. Die Arbeit des Stiftungspfarrers Rudolf Müller (1893–1954) war Einschränkungen und Schikanen ausgesetzt. Als Beispiel für die Erziehung im Geiste des Nationalsozialismus stellte die Leitung der Stiftungen immer wieder geschickt die »körperliche und seelische Ertüchtigung« durch die verstärkte Pflege des Sportes in Fortführung der Mitteldeutschen Schülerkampfspiele heraus.

Der Direktor der Stiftungen und der Latina, Dr. Walther Michaelis, wurde am 1. Mai 1935 bereits mit 62 Jahren pensioniert. Als

Nachfolger berief man Dr. Max Dorn (1883-1960). Auch er verfolgte, ungeachtet seiner Bejahung der »neuen Zeit«, das Ziel, die Stiftungen zu erhalten und ihre christlichen Traditionen nicht untergehen zu lassen. So sprach er in seiner Antrittsrede über August Hermann Francke und das christliche Erbe der Stiftungen. Veränderungen im Schulwesen der Stiftungen ließen sich auf Grund neuer Gesetze nicht vermeiden. Im Gegensatz zu vielen anderen traditionsreichen deutschen Gymnasien blieb die Latina jedoch als humanistisches Gymnasium erhalten, wahrte ihr hohes fachliches Niveau und damit ihr Ansehen. Die Oberrealschule erhielt am 13. Mai 1939 den Namen des damals hoch geachteten Generalfeldmarschalls der kaiserlichen Armee und früheren Schülers der Stiftungen – August von Mackensen.

In wirtschaftlicher Hinsicht hatte sich die Situation der Stiftungen in Hitlerdeutschland – anders als zunächst erwartet – durchaus nicht verbessert. Die Druckerei mußte 1938 verpachtet werden, die Cansteinsche Bibelanstalt ging im selben Jahr in die Berliner Hauptbibelgesellschaft ein.

Beginn und Verlauf des Zweiten Weltkrieges stellten die Stiftungen und alle, die in ihnen lebten und arbeiteten, vor schwerste Belastungen. In den Schulen kam es zu erheblichem Lehrermangel. Ältere Schüler meldeten sich freiwillig zur Wehrmacht. Die Versorgungslage wurde schwieriger. »Wehrertüchtigung« spielte nun bei Ausbildung und Erziehung eine zentrale Rolle. Bis Kriegsende fielen, soweit heute bekannt, 312 Lehrer und Schüler. Gegen Ende des Krieges waren die Stiftungen einem schweren Bombenangriff ausgesetzt. Am 31. März 1945 wurden das ehemalige Wohnhaus A. H. Franckes, der Sing- und Betsaal, die Latina sowie zwei Turnhallen von Bomben getroffen. Über 70 Personen kamen ums Leben.

Sozialismus

Nach kurzer amerikanischer Besatzungszeit im Sommer 1945 wurde Halle Teil der sowjetischen Besatzungszone. Die Alliierten lösten den preußischen Staat auf, mit dem die Franckeschen Stiftungen 250 Jahre in Symbiose gelebt hatten. Es entstand die Provinz Sachsen, die nun über das weitere Schicksal der Stiftungen zu entscheiden hatte. Der Versuch der damaligen Landeshauptstadt Halle, die Stiftungen zu kommunalisieren, konnte vom amtierenden Stiftungsdirektorium verhindert werden. Seitens der Provinzialregierung unter Leitung von Dr. Erhard Hübener (LDPD) wurden am 4. Dezember 1945 Pläne angekündigt, die Franckeschen Stiftungen als »Pädagogisches Institut« in die neu zu gründende Pädagogische Fakultät der Martin-Luther-Universität Halle–Wittenberg zu integrieren. Zum Stiftungsdirektor wurde deshalb der Jenaer Pädagogikprofessor Dr. Peter Petersen (1884–1952) ernannt.

Es kam zu einer erneuten Änderung des Statutes der Stiftungen. Das Direktorium bestand danach aus dem Stiftungsdirektor, dem Kurator der Universität und dem Prokurator. In den Stiftungen wohnten 1945, bedingt durch die Zeitumstände, mehr Menschen denn je zuvor. Das schulische Leben und die Arbeit der Waisenanstalt (1945: 230 Waisenkinder, 1946: 400) konnten nur unter größten Schwierigkeiten aufrechterhalten werden. In das Ausbildungskonzept der Stiftungen wurden auf Initiative von Prof. Petersen Kindergärten einbezogen. Das sollte sich für die Zukunft als wichtig erweisen. Nach der »Säuberungsverordnung« vom 3. Juli 1945 kam es u. a. zu akutem Lehrermangel bei steigenden Schülerzahlen in den Schulen (2200 Schüler im November 1946). Bereits im April 1946 legte Prof. Petersen das Amt des Stiftungsdirektors nieder. Zu seinem Nachfolger berief man den Magdeburger Oberstudienrat Dr. Hans Ahrbeck (1890–1981), der zugleich Dekan der inzwischen gegründeten Pädagogischen Fakultät wurde.

Am 20. September 1946 erließ das »Präsidium der Provinz Sachsen« folgende Verordnung:

»§ 1 Die Rechtspersönlichkeit der Stiftungen wird aufgehoben.

§ 2 Die Schulen, Internate, Erwerbsinstitute, Nebenstiftungen und Vermächtnisse, sowie das gesamte Vermögen der Franckeschen Stiftungen gehen in das Eigentum der Martin-Luther-Universität Halle-Wittenberg über und werden als ›Franckesche Stiftungen, Pädagogisches Institut der Martin-Luther-Universität Halle-Wittenberg‹ in die Universität eingegliedert.

§ 3 Der Kurator der Universität tritt in die Rechtsstellung des Direktors der Franckeschen Stiftungen ein.«[100]

Mit dieser Verordnung wurde die juristische Selbständigkeit der Franckeschen Stiftungen nach fast 250 Jahren endgültig aufgehoben. Unter den obwaltenden Verhältnissen war dieser schwerwiegende Schritt für die Stiftungen aber keine absolute Katastrophe. Ihre völlige Aufteilung unter die Nutzer der Gebäude und Einrichtungen hätte weit schlimmere Folgen mit sich gebracht. Die Stiftungen »begaben sich in gewisser Beziehung«[101] unter den Schutz der Universität. Der Preis war dennoch sehr hoch! Auch der Verlust der Stiftungsgüter in Stichelsdorf und Berga gehörte dazu. Die Evangelische Kirche protestierte gegen die Aufhebung der Rechtspersönlichkeit der Stiftungen und wiederholte diesen Protest bis in die 50er Jahre.

An der Spitze der neuen Einrichtung »Franckesche Stiftungen – Pädagogisches Institut« stand Dekan Professor Dr. Hans Ahrbeck. Bis 1950 gab es außerdem noch ein Stiftungsdirektorat mit einem Stiftungsdirektor (Hans Osterwald), einem Prokurator (Dr. Alexander Delhaes) und einem Kurator (Friedrich Elchlepp). Eine Fülle von Aufgaben galt es zu bewältigen, so die Rückführung der während des Krieges in einer Sandsteinhöhle bei Bösenburg ausgelagerten Bibliothek und des Archivs, die Verhinderung eines Planes zum Braunkohleabbau auf dem Stiftungsgelände, nicht zuletzt aber Probleme der Raumverteilung und der wirtschaftlichen Versorgung.

1948 wurde das Waisenhaus geschlossen, der Ausgangspunkt und Kern der Franckeschen Stiftungen. Bis zu diesem Zeitpunkt waren dort in 250 Jahren insgesamt 8763 Waisenkinder verpflegt und erzogen worden. Den Stiftungspfarrer Rudolf Müller hatte man schon 1946 nach konfliktreichen Auseinandersetzungen entlassen. Die Pflege der christlichen Traditionen wurde nun auf allen Ebenen beendet. Lediglich das 1929 gegründete und vor allem von Theologiestudenten bewohnte »Sprachenkonvikt« blieb erhalten. Versuche, es unter dem Vorwand von Raumbedarf für andere Einrichtungen zu schließen, scheiterten am energischen Widerstand der Kirche, aber auch der Konviktsleitung und der Konviktsbewohner.

Ziel staatlicher Maßnahmen, besonders seit Gründung der DDR 1949, war es, die christlich und humanistisch geprägte Schulstadt Franckesche Stiftungen in eine Stätte sozialistischer Bildung vom Kindergarten bis zum Universitätsstudium umzuwandeln. Sichtbarer Ausdruck dafür ist, daß im Jahre 1952 mitten im Stiftungsgelände ein großes Gebäude für die Arbeiter-und-Bauern-Fakultät »Walter Ulbricht« errichtet wurde. Hier erfolgte später die Ausbildung und Förderung von Arbeiter- und Bauernkindern.

1955 kam es zur Auflösung der Pädagogischen Fakultät. An ihre Stelle trat ein Institut für Pädagogik als Bestandteil der Philosophischen Fakultät, das weiterhin in den Stiftungen verblieb. Ganz zu beseitigen war das geistige und materielle Erbe A. H. Franckes, wie es sich in 250 Jahren entwickelt hatte, auch unter den Bedingungen eines sozialistischen Staates nicht. Zudem gab es nach wie vor in und außerhalb der Franckeschen Stiftungen Menschen, nicht zuletzt ehemalige Schüler, die alles taten, um dieses Erbe lebendig zu erhalten. Äußere Anlässe dafür boten die Stiftungs- und Francke-Jubiläen 1948, 1952 und besonders der 300. Geburtstag Franckes 1963. Die Erforschung des halleschen Pietismus und der damit verbundenen Geschichte der Franckeschen Stiftungen nahm durch die Arbeiten der Theologieprofessoren Kurt Aland (ab 1947), Arno Lehmann (ab 1950), Erhard Peschke (ab 1959) und Friedrich de Boor (ab 1972) sogar einen Aufschwung. Zu nennen sind in diesem Zusammenhang auch die Arbeiten der Pädagogen Hans Ahrbeck und Rosemarie Ahrbeck-Wothge sowie des Historikers Eduard Winter.

Wurde das geistig-kulturelle Erbe Franckes und der Stiftungen im Rahmen der Möglichkeiten, die das ideologische und weltanschauliche System der DDR zuließ, prinzipiell gewürdigt, so war das bei dem materiellen Erbe Franckes, den Stiftungen und ihren Gebäuden, nicht der Fall. Die Geschichte des Gebäudekomplexes der Franckeschen Stiftungen nach 1945 ist eine Geschichte des Verfalls, der sie bis 1990 hart an den völligen Ruin führte. Gegen diese Entwicklung gab es im In- und Ausland durchaus Protest. Im Bereich der Universität äußerten sich die Theologische Fakultät wie auch namhafte Persönlichkeiten des wissenschaftlichen und kulturellen Lebens wiederholt kritisch. Viele Beispiele ließen sich anführen. Mit Blick auf die Feiern zum 300. Geburtstag Franckes 1963 schrieb z. B. der hallesche Maler und ehrenamtliche Denkmalspfleger Kurt Marholz (1905–1984) am 18. Juli 1962 an den stellvertretenden Vorsitzenden des Rates des Bezirkes Halle: »Doch wie sehen die Franckeschen Stiftungen aus?! Man schämt sich, wenn man den grossen Komplex durchschreitet. Verfall, ja schlimmer als das, wüste Verwahrlosung auf Schritt und Tritt! Im Lindenhof, also dem eigent-

Der heutige Freylinghausen-Saal als Turnhalle, um 1985.

lichen Kern der Stiftungen, aber auch an der Fahrstrasse, ist der Verputz der Bauten teilweise bis zum Bruchsteinmauerwerk abgewittert. Besonders wüst ist das Gebäude, in dem sich der ›Festsaal‹ befindet. Es ist wahrlich das Gegenteil von festlich. Fenster und Türen müssten längst einmal gestrichen werden. Da und dort liegen, rosten und vermodern ausgebaute Kessel, Oefen und andere Gegenstände und Utensilien. Die Stufen, die zum Franckedenkmal empor führen, sind von Unkraut und Gras überwuchert. Selbst die Stirnfront nach dem Franckeplatz zu, obgleich erst vor einigen Jahren renoviert, hat im Bereich der ... Freitreppe längst wieder die Kelle des Maurers nötig.«[102]

Kleine Reparaturen und bauliche Maßnahmen wie die Erneuerung der Fassade des Waisenhauses konnten, da vor allem die Reparatur der Dächer ausblieb, den Substanzverfall nicht ernstlich aufhalten. Schwer geschädigt wurden die Stiftungen durch den Bau einer Hochstraße nach Halle-Neustadt in den Jahren 1968 bis 1971. Die Waisenhausmauer und der Ostflügel des Pädagogiums mit dem Aktusgebäude mußten abgebrochen werden. Das unschätzbar wertvolle Kulturgut der Stiftungen, die einmalige barocke Kulissenbibliothek, das Archiv, die Sammlungen unterschiedlicher Art, blieben erhalten, nicht zuletzt durch den persönlichen Einsatz von einzelnen Mitarbeitern.

Zu den Versuchen, wenigstens Teile der Stiftungen zu retten und an ihre kulturellen und wissenschaftlichen Traditionen anzuknüpfen, gehörte der von dem halleschen Romanisten Prof. Dr. Ulrich Ricken und dem damaligen Direktor der Herzog August Bibliothek in Wolfenbüttel, Prof. Dr. Paul Raabe, entworfene Plan, im inzwischen zur Ruine gewordenen Waisenhaus und den angrenzenden Gebäuden mit Unterstützung der Volkswagenstiftung eine »Internationale Forschungsstätte Europäische Aufklärung« zu gründen. Im Frühjahr 1989 wurde ein entsprechender Vertrag abgeschlossen, Ausgangspunkt wichtiger Entwicklungen für die Rettung der Franckeschen Stiftungen wurde. Die Umsetzung der Pläne erfolgte jedoch unter neuen Bedingungen in veränderter Weise.

Wende 1989

Im Herbst 1989 begann mit der friedlichen Revolution in der DDR auch die »Wende« für die Franckeschen Stiftungen. Diese waren am Ende der DDR trotz allen Verfalls immer noch eine Stadt der Kinder, Schüler und Studenten, der Kindergärten, Schulen, Internate,

Studentenwohnheime und Sportstätten, ein Ort der Wissenschaft und Kunst, eine Stätte gewerblicher und handwerklicher Tätigkeiten, aber nicht mehr der Diakonie und Nächstenliebe, wie sie ihr Gründer initiiert hatte.

Bereits Ende 1989 gab es erste Überlegungen zur Gründung eines Freundeskreises der Franckeschen Stiftungen. Der Dekan der Theologischen Fakultät warf im Dezember 1989 im Senat der Universität die Frage einer möglichen Wiederherstellung der Selbständigkeit der Stiftungen auf, stieß damit aber auf allgemeines Unverständnis. Daß die Bausubstanz der Stiftungen dringend der Sanierung bedurfte, war jedoch seit langem auch an der Universität unstrittig. Im Sommer 1990, nach der Währungsunion, standen 2,7 Millionen DM aus dem SED-Vermögen zur Sanierung der Dächer zur Verfügung. Am 9. Juni 1990 wurde ein »Freundeskreis der Franckeschen Stiftungen« gegründet. Den Vorsitz übernahm Prof. Dr. Paul Raabe, Schirmherr wurde der aus Halle stammende damalige Bundesaußenminister Dr. Hans-Dietrich Genscher.

Hauptziel aller Bemühungen war die Rettung des historischen Bestandes der Stiftungen und ihre rechtliche Wiederherstellung. Am 19. September 1991 stellte das Ministerium für Wissenschaft und Forschung des Landes Sachsen-Anhalt durch eine Bekanntmachung die Rechtspersönlichkeit der Stiftungen wieder her und berief einen vorläufigen Vorstand. Der kleine Text hatte große Wirkungen und lautete:

»1. Die Verordnung der Provinz Sachsen über die Eingliederung der Franckeschen Stiftungen in die Martin-Luther-Universität Halle-Wittenberg vom 20.09.1946 (Verordnungsblatt für die Provinz Sachsen 1946 S. 450) war von Anbeginn an rechtswidrig; ihre Unwirksamkeit wird hiermit festgestellt.

2. Die Franckeschen Stiftungen mit ihrem Sitz in Halle bestehen als Stiftung des öffentlichen Rechts mit Rechtspersönlichkeit weiter.«[103]

Am 24. März 1992 wurde die neue Satzung der Stiftungen in Kraft gesetzt. Der ehrenamtliche Stiftungsdirektor Paul Raabe stellte seine großen Erfahrungen und weitgespannten Verbindungen energisch in den Dienst der Wiederherstellung der Stiftungen, der Rettung ihres historischen Erbes und eines zeitgemäßen Neuanfangs im Sinne der Anliegen August Hermann Franckes. Paul Raabe wurde nach August Hermann Niemeyer zum zweiten Erneuerer der Franckeschen Stiftungen.

Schwierigste juristische Fragen waren zu lösen. Zum 1. Januar 1994 übertrug das Land Sachsen-Anhalt die in seinem Besitz befindlichen Teile des Stiftungsareals an die Stiftungen zurück. Andere »Besitzer« von Stiftungsgrundstücken folgten, dennoch konnte der ehemalige Stiftungsbesitz nicht vollständig zurückgegeben werden. Mangels eigenen Vermögens blieben die Stiftungen wie zur Zeit ihrer Gründung auf Unterstützung von außen, insbesondere der öffentlichen Hand, angewiesen. Die Aufnahme in das »Leuchtturmprogramm« der Bundesrepublik Deutschland zur Förderung wichtiger kultureller Einrichtungen auf dem Gebiet der ehemaligen DDR im Jahre 1995 erleichterte den Wiederaufbau. In den Jahren 1990 bis 2000 wurden fast 100 Millionen DM in die bauliche Wiederherstellung der Stiftungen investiert. Neben der Sanierung der Altbausubstanz wurden auch Neubauten errichtet, so 1995 eine moderne Kindertagesstätte. Das ehemals stark verfallene Waisenhaus konnte am 12. Oktober 1995 in Anwesenheit des damaligen Bundespräsidenten Roman Herzog eingeweiht werden.

Als ebenso schwer wie die bauliche Erneuerung, wenn nicht noch schwieriger, erwies sich die innere Erneuerung der Stiftungen nach zwei Diktaturen und angesichts der weitgehenden Säkularisierung Halles und Mitteldeutschlands. Die Kernfrage lautete: Wie können in zeitgemäßer Form die Anliegen August Hermann Franckes und die verschiedenen Traditionen der Stiftungen fortgeführt werden? Die Satzung nennt auf dem Hintergrund dieser Frage als Stiftungszweck:

> »§ 2 (1) Die Franckeschen Stiftungen verstehen sich in ihrer Gesamtheit wie in ihren einzelnen Arbeitszweigen, unabhängig von ihrer Rechtsform, als eine im Sinne ihres Stifters vom christlichen Geist geprägte Einrichtung, die Menschen aller Schichten aus dem In- und Ausland eine umfassende Bildung und die Fähigkeit zum sozialen Handeln vermitteln will. Darüber hinaus nehmen die Franckeschen Stiftungen ihren kulturellen Auftrag gegenüber der Allgemeinheit wahr.«[104]

Hans Dietrich Genscher mit Henry Kissinger und Michail Gorbatschow vor dem Francke-Denkmal, 1993.

Diesen Zeilen verpflichtet, entfalteten die Franckeschen Stiftungen vielfältigste kulturelle, wissenschaftliche und soziale Aktivitäten, die wiederum, wie einst, weit über Deutschland hinaus wirken. Der Besuch des ehemaligen sowjetischen Präsidenten Michail Gorbatschow, des früheren amerikanischen Außenministers Henry Kissinger zusammen mit Hans-Dietrich Genscher im Dezember 1993 zeigte symbolhaft, daß die einst bedeutenden Ausstrahlungen der Stiftungen in alle Welt, insbesondere nach Nordamerika und Rußland, gute Anknüpfungspunkte für neue Kontakte bieten. Sie wurden in der Folgezeit ausgebaut. Stiftungsarchiv und Stiftungsbibliothek, zwei besondere Perlen im Stiftungsbesitz, konnten in Verbindung mit den anderen auf dem Gelände angesiedelten wissenschaftlichen Einrichtungen, den interdisziplinären wissenschaftlichen Zentren für Aufklärungs- und für Pietismusforschung, sehr bald wieder große internationale Anziehungskraft entwickeln.

Die christlichen Traditionen wurden mit Augenmaß allmählich wieder belebt, nicht zuletzt durch die Ansiedlung und den Ausbau von Einrichtungen und Institutionen, die sich dem Christentum verpflichtet wissen, aber auch durch Gottesdienste sowie vielfältige Angebote, die christlichen Wurzeln der deutschen und europäischen Kultur kennenzulernen.

Im Jahre 1998 konnte unter großer Beteiligung aus dem In- und Ausland das 300jährige Jubiläum der Stiftungen gefeiert werden. Die Stiftungen waren zu diesem Zeitpunkt wieder eine dynamisch sich entwickelnde Stadt der Kinder und der Jugend, eine Stätte des Lernens, Lehrens und Forschens, aber auch des Dienstes am Nächsten.

Im Jahre 2000 legte Paul Raabe sein Amt als Stiftungsdirektor nieder und übernahm von Hans-Dietrich Genscher den Vorsitz des Kuratoriums der Stiftungen. Zum neuen Stiftungsdirektor wurde der Pädagoge Prof. Dr. Jan-Hendrik Olbertz berufen.

Der Stand des Wiederaufbaus und der Entwicklung der Franckeschen Stiftungen zur Jahrtausendwende wird äußerlich durch einen Blick auf ihre Institutionen und die auf ihrem Gelände arbeitenden Einrichtungen deutlich. Zu den stiftungseigenen Einrichtungen gehörten im Jahr 2000 das Waisenhaus mit seinen Sammlungen, das Archiv, die Hauptbibliothek und drei Kindertagesstätten. Unter den pädagogischen Einrichtungen auf dem Stiftungsgelände sind zunächst vier Schulen zu nennen: Grundschule August Hermann Francke, Reformschule Maria Montessori, Sekundarschule August Hermann Francke, Landesgymnasium Latina August Hermann Francke, hinzu kommen die Pensionsanstalt der Latina und der Stadtsingechor. Christlichen Traditionen verpflichtet fühlen sich neben der Theologischen Fakultät das Evangelische Konvikt – Studienhaus der Kirchenprovinz Sachsen, das Canstein Bibelzentrum und die sich in Trägerschaft des Evangelischen Kirchenkreises Halle befindliche Jugendwerkstatt Bauhof, die mit ihren sozialpädagogischen Angeboten jugendliche Arbeitslosigkeit zu verringern hilft und die Integration ausländischer Jugendlicher fördert. Folgende Einrichtungen der Universität arbeiten in den Stiftungen: Fachbereich Erziehungswissenschaften, Theologische Fakultät, Interdisziplinäres Zentrum für Pietismusforschung, Interdisziplinäres Zentrum für die Erforschung der Europäischen Aufklärung. Außerdem sind zu nennen die Buchhandlung des Waisenhauses, die Waisenhaus-Apotheke, der Studentenklub Fornix und die Union Druck Halle GmbH.

Das Motto des 300jährigen Stiftungsjubiläums – »mitten im Aufbruch« – charakterisiert Situation und Aufgabe zur Jahrtausendwende.

Ausblick

Die Franckeschen Stiftungen sind gerettet. Aus einem beinahe abrißreifen, in der Öffentlichkeit weitgehend in Vergessenheit geratenen Baudenkmal ist innerhalb von nur wenig mehr als zehn Jahren ein neues Wahrzeichen Halles und Sachsen-Anhalts entstanden. Mit der Wiederherstellung und baulichen Rekonstruktion des historischen Ensembles haben die Stadt und das Land ein Stück kulturelle Identität und auch eine besondere touristische Attraktion zurückgewonnen. Die Franckeschen Stiftungen sind wieder zu einem geistigen und kulturellen Zentrum Mitteldeutschlands geworden, das an die reiche geistige Geschichte dieser Region anknüpft.

1998 feierten die Franckeschen Stiftungen unter dem Motto Mitten im Aufbruch das 300-jährige Jubiläum ihrer Gründung. Bis heute befinden sie sich mitten im Aufbruch. Seit der Wende konnte der größte Teil der denkmalgeschützten Schulstadt auf hohem fachlichen Niveau saniert werden. Mit Unterstützung vor allem von Bund und Land, aber auch seitens der Stadt Halle sowie durch Mittel zahlreicher Stiftungen und Sponsoren sind inzwischen fast 50 Mio. Euro in die Baumaßnahmen geflossen. Für die komplette Wiederherstellung und den Ausbau des Ensembles wird ungefähr noch einmal dieselbe Summe benötigt.

Es wird sicher weiterer 10 Jahre bedürfen, um den Wiederaufbau der Franckeschen Stiftungen zu vollenden – wenn auch die historisch wertvollsten, oft auch repräsentativsten Gebäude bereits weitgehend wiederhergestellt sind. Das gilt für das 1995 fertiggestellte Waisenhaus (Hauptgebäude) ebenso wie für die Bibliothek und das Archivgebäude, das englische Haus und das Mägdeleinhaus oder für die Gebäude der Deutschen Schule (Häuser 2–7), in denen sich heute das Institut für Pädagogik des Fachbereichs Erziehungswissenschaften befindet. Auch das ehemalige Niederlagegebäude erstrahlt in neuem Glanz und beherbergt heute die Theologische Fakultät, und das sogenannte lange Haus, längster und höchster Fach-

Luftbild der Franckeschen Stiftungen, 2000.

werkbau Europas, steht kurz vor der baulichen Vollendung. In das ehemalige Kassengebäude (Haus 21) ist der Stadtsingechor eingezogen, und der historische Speisesaal konnte ebenfalls wieder seiner ursprünglichen Bestimmung übergeben werden. Auch für zeitgenössische Bauten auf dem Stiftungsgelände sind neue Nutzungskonzepte entwickelt worden, so zum Beispiel für das 1952 errichtete ABF-Gebäude (Arbeiter-und-Bauern-Fakultät). Es beherbergt das Institut für Grundschulpädagogik, ergänzt durch einen modernen Bibliotheksanbau für die Theologische Fakultät und den Fachbereich Erziehungswissenschaften. Überall wird gebaut, doch trotz aller sichtbaren Fortschritte bleibt noch eine Menge zu tun – von der Rekonstruktion des Königlichen Pädagogiums, das zu einem modernen Altenpflegeheim ausgebaut werden soll, über die Schließung der Baulücke an Franckes Wohnhaus bis zum Neubau eines Sportzentrums im südlichen Teil des Geländes und der Errichtung eines Parkdecks. Auch die Gesamtwiederherstellung der Außenanlagen im Gelände ist ein wichtiges Planungsziel der nächsten Zeit.

Doch die physische Wiederherstellung der Franckeschen Stiftungen ist kein Selbstzweck. Vielmehr geht es um ein kulturelles, pädagogisches und soziales Angebotsprofil, das an den Stiftungsgedanken anknüpft und die Pflege des geistigen und kulturellen Erbes der Schulstadt zum Anliegen hat. Dabei spielt die Bezugnahme auf die christlichen Wurzeln des Stiftungsgedankens eine wichtige Rolle.

Die reichen Quellenbestände der Bibliothek, des Archivs und der musealen Sammlungen wurden in den letzten Jahren Schritt für Schritt erschlossen und einer breiten Öffentlichkeit zugänglich gemacht. Bibliothek und Archiv der Stiftungen bilden die Stützpfeiler des Studienzentrums August Hermann Francke, das sich in den letzten Jahren zu einem internationalen Quellenforschungszentrum zur Geschichte des Pietismus entwickelt hat – mit eigenem Forschungsprogramm und einem anspruchsvollen Publikationsprofil.

Der Modellcharakter der Franckeschen Stiftungen resultiert aus der Verknüpfung kultureller, pädagogischer, sozialer und wissenschaftlicher Aktivitäten entlang einer kulturgeschichtlich bedeutsamen Gründungsidee, die weltweit als beispielhaft für das europäische Reformstreben des frühen 18. Jahrhunderts gilt. Die auf dem Gelände tätigen Einrichtungen wirken in den fast vollständig erhaltenen Gebäuden dieser Zeit gemeinsam daran mit, Bildung und Erziehung durch Kultur, Geschichte, soziale Aktivitäten und durch Erforschung des geistigen und geistesgeschichtlichen Erbes zu verwirklichen und in deren Schnittpunkt als kultureller Leuchtturm historische Vergewisserung mit modernen Zukunftsthemen zu verknüpfen. Die Franckeschen Stiftungen sind in die deutsche Vorschlagsliste für das UNESCO-Weltkulturerbe aufgenommen worden, die nicht nur das bauliche Ensemble, sondern auch das darin verkörperte geistig-kulturelle Erbe würdigt. Heute ist es auch ein wichtiger Aspekt des Kultur- und Bildungsprogramms der Franckeschen Stiftungen, an ihre historischen, vor allem aus den Missionsdiensten hervorgegangenen Beziehungen zu anderen Ländern anzuknüpfen und die Kooperationen mit internationalen Partnern, insbesondere Osteuropas, Indiens und Nordamerikas wiederzubeleben.

Vor allem das jährliche Kultur- und Bildungsprogramm der Franckeschen Stiftungen hat sich zu einer festen Größe im kulturellen Leben der Stadt Halle und des Landes Sachsen-Anhalt entwickelt. Die Franckeschen Stiftungen erreichen wieder ein breites regionales, nationales und internationales Publikum. Die Besucherfrequenz der Ausstellungen, des Museums, der Bibliothek und des baulichen Gesamtensembles zeigen das in kurzer Zeit rasch gewachsene öffentliche Interesse an ihrer Arbeit. Die Franckeschen Stiftungen wenden sich mit ihrem Programm an Menschen aller Altersgruppen. Seit der Wiederherstellung des Waisenhauses ist jedes Jahr in den Ausstellungen und Veranstaltungs- bzw. Vortragsprogrammen ein mit der Stiftungsgeschichte verknüpftes Thema in den Mittelpunkt der Aufmerksamkeit gestellt worden, das jeweils mit einem akzentuierten Gegenwartsbezug behandelt wurde; 1996 in Zusammenarbeit mit dem Archiv der Akademie der Wissenschaften St. Petersburg die internationale Ausstellung über den Naturforscher Georg Wilhelm Steller und die Große Nordische Expedition; 1997 anläßlich des Jubiläums der Latina das Thema 300 Jahre Schulgeschichte; 1998 das europaweit wahrgenommene 300jährige Gründungsjubiläum der Stiftungen mit einer großen Francke-Ausstellung; 1999 die Beteiligung am Goethe-Jahr mit einem breitangelegten Kulturprogramm und einer Ausstellung über Goethes Beziehungen zum Pietismus. Ebenfalls im Jahre 1999 initiierten die Franckeschen Stiftungen ein auf sechs Jahre angelegtes Gesamtprogramm in Zusammenarbeit mit kulturellen, wissenschaftlichen und sozialen und kirchlichen Einrichtungen der Stadt und stellten diese Initiative unter den selbstbewusst provokativen Titel Halle an der Saale – Antworten aus der Provinz. Zum Auftakt wurde im Jahr 2000 mit einer Hauptausstellung über Das Jahrhundert des Kindes das Thema Kind und Kindheit gewählt, das weit über die Grenzen der Region Aufmerksamkeit gefunden hat. Ein Jahr darauf war in den Franckeschen Stiftungen eine kulturhistorische Ausstellung zum Preußenjahr zu sehen, die unter dem Titel Gott zur Ehr und zu des Landes Besten – die Franckeschen Stiftungen und Preußen die Bedeutung des Waisenhauses für die preußische Reformpolitik seit 1701 insbesondere in den Bereichen Bildung, Kultur, Wissenschaft und Verwaltung unterstrich. Dieses Thema wurde wiederum in den breiteren Kontext des Jahresthemas »*WISSENS*wert – *GLAUB*würdig. Nun sag, wie hast du's mit der Religion?« gestellt. Das Jahr 2002 ist dem Thema Wissenschaft gewidmet. Mit ihren Jahresprogrammen knüpfen die Stiftungen an verlorengegangenes Wissen über die Wurzeln unserer Kultur an und leisten damit nicht zuletzt einen Beitrag zur Aufarbeitung der Religions- und damit oft auch Kulturfeindlichkeit des Bildungs- und Erziehungssystems der DDR.

Der Grundgedanke aller dieser Projekte und Angebote dreht sich immer wieder um die Integrationskraft kultureller Angebote, denn schon immer gehörte die Einbindung benachteiligter, vor allem junger Menschen, aber auch die Verbindung der Generationen untereinander sowie die Integration ausländischer Bürgerinnen und Bürger zum Programm der Stiftungen. Zu diesen Grundlagen gehört auch die Entwicklung des pädagogisch-sozialen Programms der Stiftungen. Schulen und Kindergärten entwickeln zunehmend ein eigenes pädagogisches Profil, das erkennbar auf den Standort und seine Tradition Bezug nimmt, also vor allem aus der Beschäftigung mit Geschichte, Kunst und Kultur erwächst. Da es immer auch um elementare Grundbildung geht, stehen vor allem für die jüngeren der sichere Erwerb der Kulturtechniken, muttersprachliches Können, Geschichtsbewußtsein und soziale Mitverantwortung im Vordergrund. Neben den Kindergärten werden die Franckeschen Stiftungen in absehbarer Zeit auch die Schulen wieder in ihre Trägerschaft übernehmen.

All dies kostet viel Geld, das zwar immer gut investiert ist, wenn es um Kultur und Bildung geht, aber erst einmal zusammengetragen werden muß. Eine der drängendsten Fragen der Zukunft der Franckeschen Stiftungen ist daher die Wiederherstellung ihrer wirtschaftlichen Selbstständigkeit. Gegenwärtig sind die Franckeschen

Stiftungen als Stiftung öffentlichen Rechts in ihren wirtschaftlichen Handlungsspielräumen sehr eingeschränkt und zudem in der Verwaltung ihrer öffentlichen Mittel mit einer Bürokratie konfrontiert, die einen nicht unerheblichen Teil ihrer Energien absorbiert. Die Franckeschen Stiftungen werden sich mit einem zweiten, deutschland- und europaweiten Aufruf an die Öffentlichkeit wenden und vermögende Bürgerinnen und Bürger oder Institutionen ermutigen, zur Wiedererrichtung eines Stiftungskapitals beizutragen. Ein solcher Aufruf wird nicht ungehört bleiben, wenn die Grundlagen der Stiftungsarbeit in einem inhaltlich anspruchsvollen, in seiner Eigenständigkeit und Unverwechselbarkeit erkennbaren Programm sichtbar werden.

Die Franckeschen Stiftungen sind ein bedeutsames Zeugnis der deutschen Nationalkultur. Als lebendiges Kultur- und Bildungszentrum gehen sie in ihrem Anspruch weit über ein Kulturdenkmal hinaus. Die Bundesregierung hat dies nicht zuletzt durch die Ansiedelung der Bundeskulturstiftung an diesem Ort gewürdigt. In der Tradition von Pietismus und Aufklärung, zweier innerlich verwandter geistiger Erneuerungsbewegungen des frühen 18. Jahrhunderts, haben die Stiftungen ihren Gründungsgedanken wieder aufgenommen und in unsere Zeit übertragen. Vor allem die für August Hermann Francke typische Mischung aus aufgeklärter Tatkraft und christlicher Verantwortung ist für die Franckeschen Stiftungen eine wichtige Quelle der Inspiration geblieben und bis heute greifbares Motiv für die tägliche Arbeit.

Jan-Hendrik Olbertz

Übersichten

1. Lebensdaten August Hermann Franckes*

22. März 1663	August Hermann Francke wird in der freien Reichsstadt Lübeck geboren.
1666	Umzug der Familie nach Gotha, da Franckes Vater zum Hof- und Justizrat Herzog Ernst des Frommen von Sachsen-Gotha-Altenburg berufen wird.
1679–1684	Studium der Theologie und der Alten Sprachen in Erfurt, Kiel, Hamburg und Leipzig.
1685	Magisterpromotion, Habilitation, Beginn philologischer Vorlesungen in Leipzig.
1689	Gründung eines Collegium philobiblicum, Anklage wegen pietistischer Umtriebe, Weggang aus Leipzig.
1690	Übernahme eines Pfarramtes (Diakonat) in Erfurt, Dozent an der Universität Erfurt.
1691	Entlassung aus dem Erfurter Pfarramt und Ausweisung.
22. November 1691	Berufung als Pfarrer an die St. Georgen Kirche in Glaucha und zum Professor für Griechisch und orientalische Sprachen an die Universität Halle.
1692	Antrittspredigt in Glaucha (7. Februar) und Beginn der Vorlesungen an der Universität (15. Februar), erste Streitigkeiten mit der halleschen Stadtgeistlichkeit.

* Die Tabelle orientiert sich an der Zeittafel in August Hermann Francke, Werke in Auswahl, hg. von E. Peschke, Berlin 1969, S. 401–404.

1693	Veröffentlichung des *Glauchischen Gedenkbüchleins*.
1694	Beginn der Unterweisung armer Kinder und Jugendlicher (Januar) Eheschließung mit Anna Magdalena von Wurm (4. Juni).
1695	Gründung einer Armenschule (Ostern) anläßlich einer Spende von vier Talern und 16 Groschen, Gründung des Pädagogiums (Pfingsten), Beginn der Versorgung von Waisenkindern.
1696	Eigenständige Haushaltung für Waisenkinder, Freitische für Studenten.
1698	Grundsteinlegung des Waisenhauses (13. Juli), Ernennung Franckes zum Professor der Theologie, Erteilung des kurfürstlichen Privilegs für das Waisenhaus (19. September).
1699/1700	Neue Streitigkeiten und abschließender Vergleich mit der halleschen Stadtgeistlichkeit, kurfürstliche Untersuchungskommission.
1701	Einweihung des neuen Waisenhauses (29. April), Beginn der Medikamentenexpedition und der Arbeit des Waisenhausverlages.
1702/03	Erstmalige Publikation der *Fußstapfen des noch lebenden und waltenden liebreichen und getreuen Gottes*; Herausgabe gesammelter Schriften unter dem Titel *Öffentliches Zeugnis vom Werk, Wort und Dienst Gottes* (3 Bände).
1704	Erscheinen der Predigtsammlung *Sonn- Fest- und Apostel-Tags-Predigten* (3 Bände).
1705	Erholungs- und Predigtreise Franckes durch Norddeutschland nach Holland.
1706	Beginn der Arbeit der Missionare der Dänisch-halleschen Mission in Tranquebar/Südindien.
1707	Errichtung einer Lehrerbildungsanstalt (Seminarium selectum praeceptorium).
1708	Die ersten *Missionsberichte* aus Tranquebar werden in Halle publiziert.
1709	Aufenthalt Franckes in Berlin, Spannungen zwischen Francke und König Friedrich I. von Preußen.

1710	Einweihung des Mägdeleinhauses (9. Mai), Gründung der Cansteinschen Bibelanstalt (21. Oktober).
1711	Fertigstellung des Englischen Hauses (10. Mai), des Sing- und Betsaales (5. August), Eröffnung des großen Speisesaales (11. November).
1712	Veröffentlichung der *Idea Studiosi Theologiae*.
1713	Besuch König Friedrich Wilhelm I. in den Stiftungen (12. April) und Erneuerung aller Privilegien, Einweihung des Gebäudes für das Pädagogium regium (19. April).
1714	Francke wird zum Pastor an St. Ulrich in Halle berufen.
1715	Antrittspredigt Franckes an St. Ulrich (24. März), Hochzeit seiner Tochter mit Johann Anastasius Freylinghausen (29. Oktober).
1716	Ernennung Johann Daniel Herrnschmids zum Subdirektor der Stiftungen.
1716/17	Francke ist Rektor (formal: Prorektor) der Universität Halle.
1717	Veröffentlichung der *Praelectiones Hermeneuticae*.
1717/18	Franckes Reise ins Reich, vor allem nach Süddeutschland.
1719	Gespräche Franckes mit dem Vertreter der lutherischen Orthodoxie Valentin Ernst Löscher in Merseburg.
1723	Veröffentlichung des *Methodus Studii Theologici*.
1723	Ausweisung Christian Wolffs aus Halle auf Wunsch der Theologischen Fakultät (13. November).
1724	Johann Anastasius Freylinghausen wird Subdirektor der Stiftungen, Franckes *Sonn- und Festtagspredigten* erscheinen.
1725	Besuch in Potsdam anläßlich der Errichtung eines Militärwaisenhauses, Erkrankung Franckes.

1726 Veröffentlichung der *Predigten über die Sonn- und Festtagsepisteln* und der *Katechismus-Predigten*, Francke erleidet im November einen leichten Schlaganfall.
1727 Francke hält seine letzte Vorlesung (15. Mai), er stirbt am 8. Juni.

2. Die Direktoren der Franckeschen Stiftungen

August Hermann Francke
22.3.1663–8.6.1727
Direktor 1698–1727

Johann Anastasius Freylinghausen
2.12.1670–12.2.1739
Direktor 1727–1739

Gotthilf August Francke
21.3.1696–2.9.1769
Direktor 1739–1769

Johann Georg Knapp
27.12.1705–30.7.1771
Direktor 1769–1771

Gottlieb Anastasius Freylinghausen
12.10.1719–18.2.1785
Direktor 1771–1785

Johann Ludwig Schulze
17.12.1734–1.5.1799
Direktor 1785–1799

August Hermann Niemeyer
1.9.1754–7.7.1828
Direktor zusammen mit Knapp 1799–1825; 1826–1828

Christian Georg Knapp
17.9.1753–14.10.1825
Direktor zusammen mit Niemeyer 1799–1825

Johann August Jakobs
27.4.1788–21.12.1829
Direktor 1828–1829

Johann Carl Thilo
28.11.1794–17.5.1853
provisorischer Direktor 1830

Hermann Agathon Niemeyer
5.1.1802–6.12.1851
Direktor 1830–1851

Zwischen 1851 und 1853 »Interregnum«; Friedrich August Eckstein wurde nicht als Direktor berufen bzw. ernannt und die Ernennung für Gustav Kramer wurde noch geprüft.

Gustav Kramer
1.4.1806–30.7.1888
Direktor 1853–1878

Franz Adler
9.3.1813–17.9.1883
Direktor 1878–1880

Paul Martin Frick
21.3.1832–19.1.1892
Direktor 1880–1892

Friedrich Richard Fries
23.10.1845–18.9.1928
Direktor 1892–1921

August Nebe
28.9.1864-24.4.1943
Direktor 1921-1931

Walther Michaelis
2.2.1873-27.3.1967
Direktor 1931-1935

Max Eugen Theodor Dorn
22.8.1883-6.2.1960
Direktor 1935-1945

Peter Petersen
1884-1952
Direktor 1945-1946

Hans Ahrbeck
1890-1981
Direktor 1946

Hans Osterwald
10.6.1889-16.2.1967
Direktor 1946-1950 (nach Auflösung der Körperschaft)

Paul Raabe
geb. 21.2.1927
Direktor 1992-2000

Jan-Hendrik Olbertz
geb. 2.10.1954
Direktor seit 2000

3. Die Kondirektoren der Franckeschen Stiftungen

Johann Daniel Herrnschmid
11.4.1675-5.2.1723
Kondirektor 1716-1723

Johann Anastasius Freylinghausen
2.12.1670-12.2.1739
Kondirektor 1723-1727

Johann Georg Knapp
27.12.1705-30.7.1771
Kondirektor 1739-1769

Gottlieb Anastasius Freylinghausen
12.10.1719-18.2.1785
Kondirektor 1769-1771

Johann Ludwig Schulze
17.12.1734-1.5.1799
Kondirektor 1771-1785

August Hermann Niemeyer
1.9.1754-7.7.1828
Kondirektor 1785-1799

Christian Georg Knapp
17.9.1753-14.10.1825
Kondirektor 1785-1799

Johann August Jakobs
27.4.1788-21.12.1829
Kondirektor 1825-1828

Johann Carl Thilo
28.11.1794-17.5.1853
Kondirektor 1830 (provisorisch)

Maximilian Schmidt
28.3.1802-16.10.1841
Kondirektor 1833-1841

Friedrich August Eckstein
6.5.1810-15.11.1885
Kondirektor 1849-1863

Franz Adler
9.3.1813-17.9.1883
Kondirektor 1863-1878

Paul Martin Frick
21.3.1832–19.1.1892
Kondirektor 1878–1880

Friedrich Richard Fries
23.10.1845–18.9.1928
Kondirektor 1881–1892

Ferdinand Becher
geb. 14.4.1850
Kondirektor 1892–1897

Alfred Rausch
geb. 8.3.1858
Kondirektor 1897-[1921]

Walther Michaelis
2.2.1873–27.3.1967
Kondirektor 1921–1931

Helmut Obst
geb. 9.12.1940
Kondirektor seit 1992

1924 wurde das Verwaltungsreglement von 1832 im Hinblick auf die Befugnisse des Kondirektors geändert. War er bis dahin dem Direktor ausdrücklich untergeordnet, regelte das geänderte Statut nun die Gleichstellung des Kondirektors mit dem Direktor. Einer handschriftlichen Notiz in einem Lehrerverzeichnis ist zu entnehmen, daß ab 1931 der jeweilige Kurator der Universität Halle Kondirektor der Franckeschen Stiftungen wurde. 1932 wird das Reglement erneut leicht geändert, danach ist die Ernennung des Kondirektors dem Direktor nur noch mit Zustimmung des gesamten Direktoriums möglich.

Anmerkungen

1 August Hermann Francke, Projekt zu einem Seminario universali, 1701, in: August Hermann Francke, Werke in Auswahl, hg. v. Erhard Peschke, Berlin 1969, S. 108.
2 Eine neue umfassende wissenschaftliche Biographie Franckes liegt leider nicht vor. Standardwerk ist immer noch: Gustav Kramer, August Hermann Francke. Ein Lebensbild, Bd. I/II, Halle 1880/82. Im Folgenden kann nur ein biographischer Abriß gegeben werden, der keinen Anspruch auf Vollständigkeit erhebt.
3 Ebd., Bd. I, S. 9.
4 Friedrich de Boor, Francke, August Hermann (1663–1727), in: Theologische Realenzyklopädie (TRE), XI, Berlin/New York 1983, S. 313.
5 August Hermann Franckes Lebenslauf, in: A. H. Francke, Werke in Auswahl, aaO., S. 23.
6 Ebd., S. 26.
7 Ebd.
8 Ebd., S. 27.
9 Ebd., S. 28.
10 Ebd.
11 August Hermann Francke. Schriften und Predigten, Bd. 1, Streitschriften, hg. v. E. Peschke, Berlin/New York 1981, S. 10.
12 August Hermann Franckens Antwort-Schreiben an einen Freund zu Regenspurg geschrieben am 25. Febr. 1706, Halle 1707, in: A. H. Francke, Schriften und Predigten, Bd. 1, aaO., S. 225.
13 Klaus Deppermann, Der hallesche Pietismus und der preußische Staat unter Friedrich III. (I.), Göttingen 1961, S. 70.
14 Ebd., S. 72.
15 August Hermann Francke. Schriften und Predigten, Bd. 9, Predigten I, hg. v. E. Peschke, Berlin/New York 1987, S. 70.
16 Ebd., S. 53.
17 G. Kramer, Beiträge zur Geschichte August Hermann Francke's, Halle 1861, S. 273.
18 G. Kramer, August Hermann Francke, Bd. I, aaO., S. 130.
19 Johann Caspar Schade, I. N. J. Vom Conscientia erronea, oder also genannten Irrigen Gewissen eines Predigers Wegen Absolution und Ausztheilung des H. Abendmahls / Einige Fragen vorgestellet, oO., oJ., § XIX.
20 Karl Weiske, 31 bisher unveröffentlichte Briefe Aug. Hermann Franckes an Phil. Jac. Spener, in: Zeitschrift des Vereins für Kirchengeschichte der Provinz Sachsen und des Freistaates Anhalt, Jg. 26 (1930), S. 128.
21 August Hermann Francke, Kurzer und einfältiger Entwurf von den Mißbräuchen des Beichtstuhls, 1697, in: A. H. Francke, Werke in Auswahl, aaO., S. 92.
22 Zitiert nach K. Deppermann, Der hallesche Pietismus, aaO., S. 120.
23 Ebd., S. 120 f.

24 Erich Beyreuther, August Hermann Francke, Berlin 1960, S. 229 f.
25 G. Kramer, August Hermann Francke, Bd. II, aaO., S. 43.
26 Thomas Müller-Bahlke, Preußen erregt die Gemüter, in: Gott zur Ehr und zu des Landes Besten. Die Franckeschen Stiftungen und Preußen: Aspekte einer alten Allianz, hg. von Th. Müller-Bahlke, Halle 2001, S. 14.
27 August Hermann Francke. Handschriftlicher Nachlaß, Bd. I. Der Briefwechsel Carl Hildebrand von Cansteins mit August Hermann Francke, hg. v. Peter Schicketanz, Berlin/NewYork 1972, S. 677.
28 Ebd.
29 G. Kramer, August Hermann Francke, Bd. II, aaO., S. 197.
30 Ebd., S. 219.
31 Ebd., S. 254.
32 Martin Brecht, August Hermann Francke und der Hallische Pietismus, in: Geschichte des Pietismus, Bd. 1. Der Pietismus vom siebzehnten bis zum frühen achtzehnten Jahrhundert, hg. von M. Brecht, Göttingen 1993, S. 514.
33 G. Kramer, August Hermann Francke, Bd. II, aaO., S. 346.
34 Ebd., S. 468.
35 Ebd., S. 479.
36 August Hermann Francke, Kurzer und einfältiger Unterricht, wie die Kinder zur wahren Gottseligkeit und christlichen Klugheit anzuführen sind, 1702, in: A. H. Francke, Werke in Auswahl, aaO., S. 126.
37 Ebd., S. 137.
38 Berthold Ebert, Waisenvater und Erzieher 1695-1727. Einführung, in: Vier Thaler und sechzehn Groschen. August Hermann Francke. Der Stifter und sein Werk, Halle/Saale 1998, S. 108.
39 Ebd., S. 111.
40 Thomas J. Müller, Der Realienunterricht in den Schulen August Hermann Franckes, in: Schulen machen Geschichte. 300 Jahre Erziehung in den Franckeschen Stiftungen zu Halle, Halle/Saale 1997, S. 51.
41 E. Peschke, Die frühen Katechismuspredigten August Hermann Franckes 1693-1695, Göttingen 1992, S. 17.
42 August Hermann Francke, Die Fußstapfen des noch lebenden und waltenden liebreichen und getreuen Gottes, 1701, in: A. H. Francke, Werke in Auswahl, aaO., S. 33.
43 Ebd., S. 34.
44 Ebd., S. 35.
45 Ebd., S. 36.
46 August Hermann Francke, Historische Nachricht / wie sich die Zuverpflegung der Armen und die Erziehung der Jugend in Glaucha an Halle gemachte Anstalten veranlasset / eines aus dem andern gefolget / und das gantze Werck durch Goettlichen Seegen von A. 1694 biß. A. 1697 im Monath Junio fortgesetzet und eingerichtet sey, 1697, S. 55 f.
47 August Hermann Francke, Fußstapfen, aa.O., S. 41.
48 Ebd., S. 43 f.
49 K. Deppermann, Der hallesche Pietismus, aaO., S. 137.
50 Ebd., S. 105 f.
51 Eckard Altmann, Christian Friedrich Richter (1676-1711), Witten 1972, S. 49.
52 Ebd., S. 43.
53 M. Brecht, August Hermann Francke, aaO., S. 485.
54 F. de Boor, Francke, aaO., S. 318.
55 August Hermann Francke, Fußstapfen, aaO., S. 50 f.

56 Chur=Fürstlich=Brandenburgisch. Privilegium Über das Waysen=Hauss zu Glaucha an Halle. Anno 1698, Punkt 4, in: Kleine Texte der Franckeschen Stiftungen 5, Halle 1998.

57 Beschreibung des Hallischen Waisenhauses und der übrigen damit verbundenen Frankischen Stiftungen nebst der Geschichte ihres ersten Jahrhunderts. Zum Besten der Vaterlosen, Halle 1799, S. 187.

58 Wolfgang Miersemann, Auf dem Wege zu einer Hochburg »geist=reichen« Gesangs: Halle und die Ansätze einer pietistischen Liedkultur im Deutschland des ausgehenden 17. Jahrhunderts, in: »Geist=reicher« Gesang. Halle und das pietistische Lied, hg. v. Gudrun Busch/W. Miersemann, Tübingen 1997 (Hallesche Forschungen, Bd. 3), S. 11.

59 Georg Christian Knapp, Leben und Charactere einiger gelehrten und frommen Männer des vorigen Jahrhunderts, Halle 1829, S. 166 f.

60 Beschreibung des Hallischen Waisenhauses, aaO., S. 81.

61 Gustav Friedrich Hertzberg, August Hermann Francke und sein Hallisches Waisenhaus, Halle 1898, S. 74 f.

62 Beschreibung des Hallischen Waisenhauses, aaO., S. 185.

63 Gottlieb Anastasius Freylinghausen, Wohlverdientes Ehrengedächtniß, gestiftet dem weiland Hochwürdigen und Hochgelahrten Herrn D. Johann George Knapp, Halle 1772, S. 53.

64 G. Ch. Knapp, Leben und Charactere, aaO., S. 149 f.

65 Ebd., S. 175.

66 Udo Sträter, Gotthilf August Francke, der Sohn und Erbe. Annäherung an einen Unbekannten, in: Reformation und Neuzeit. 300 Jahre Theologie in Halle, hg. v. Udo Schnelle, Berlin/New York 1994, S. 216 f.

67 Gotthilf August Francke, Hertzliebe Mama. Briefe aus Jenaer Studientagen 1719–1720, hg. v. Thomas Müller/Carola Wessel, Halle 1997, S. 45 f.

68 Johann Georg Knapp, Denkmal der schuldigen Hochachtung und Liebe gestiftet dem weiland Hochwürdigen und Hochgelahrten Herrn D. Gotthilf August Francken, Lebenslauf, Halle 1770, S. 12 f.

69 Udo Sträter, Gotthilf August Francke, aaO., S. 227.

70 Beschreibung des Hallischen Waisenhauses, aaO., S. 198.

71 M. Brecht, Der Hallische Pietismus in der Mitte des 18. Jahrhunderts – seine Ausstrahlung und sein Niedergang, in: Geschichte des Pietismus, Bd. 2. Der Pietismus im achtzehnten Jahrhundert, hg. v. M. Brecht/K. Deppermann, Göttingen 1995, S. 327.

72 G. F. Hertzberg, August Hermann Francke und sein Hallisches Waisenhaus, aaO., S. 57.

73 J. G. Knapp, Denkmal, aaO., S. 114.

74 Ebd., S. 116.

75 Christoph Bochinger, Religiöse Fundamentalien in der Sicht Hallenser Pietisten. Auswahlkriterien fremdsprachiger Texteditionen im Institutum Judaicum et Muhammedicum, in: Übersetzungen und Übersetzer im Verlag J. H. Callenbergs, Halle 1995 (Hallesche Beiträge zur Orientwissenschaft 19), S. 25.

76 Pietatis Hallensis Universalis. Weltweite Beziehungen der Franckeschen Stiftungen im 18. Jahrhundert, Halle 1995, S. 75.

77 Daniel Jeyaraj, Der Beitrag der frühen dänisch-halleschen Mission zum Werden einer indisch-einheimischen Kirche - ca. 1706–1730, Diss. theol., Martin-Luther-Universität Halle-Wittenberg 1995, S. 25.

78 Pietatis Hallensis Universalis, aaO., S. 66.

79 Die Korrespondenz Heinrich Melchior Mühlenbergs. Aus der An-

fangszeit des deutschen Luthertums in Nordamerika, Bd. I: 1740–1752, hg. v. Kurt Aland, Berlin/New York 1986, S. XVIII.

80 Pietatis Hallensis Universalis, aaO., S. 88.

81 Universitätsarchiv Halle, Rep. 3, Nr. 3, S. 152, vgl. Margit Lenk, Kleine hallische Theatergeschichte, Halle 1990, S. 27.

82 G. F. Hertzberg, August Hermann Francke und sein Hallisches Waisenhaus, aaO., S. 79.

83 Beschreibung des Hallischen Waisenhauses, aaO., S. 92.

84 Ebd., S. 92 f.

85 C. A. Freiherr von Hagen, Die Stadt Halle nach amtlichen Quellen historisch-topographisch dargestellt, Bd. I, Halle 1867, S. 403.

86 Beschreibung des Hallischen Waisenhauses, aaO., S. 95.

87 Ebd., S. 96

88 J. G. Knapp, Denkmal, aaO., S. 21.

89 G. A. Freylinghausen, Wohlverdientes Ehrengedächtniß, aaO., S. 65.

90 Beschreibung des Hallischen Waisenhauses, aaO., S. 99 f.

91 August Hermann Niemeyer, Leben und Charakter D. Gottlieb Anastasius Freylinghausens, Halle 1786, S. 28.

92 Ebd., S. 29.

93 Die Stiftungen August Hermann Francke's in Halle. Festschrift, hg. v. dem Directorium der Franckeschen Stiftungen, Halle 1863, S. 123 f.

94 Ebd., S. 129.

95 G. F. Hertzberg, August Hermann Francke und sein Hallisches Waisenhaus, aaO., S. 127.

96 Helmut Obst/Paul Raabe, Die Franckeschen Stiftungen zu Halle (Saale). Geschichte und Gegenwart, Halle 2000, S. 133.

97 Ebd., S. 155.

98 Rüdiger Loeffelmeier, Die Schulen und Heime der Franckeschen Stiftungen im Ersten Weltkrieg, in: Francke-Blätter Halle (Saale), Heft 1, 2001, S. 18.

99 Vgl. F. de Boor/Michael Lehmann, Studien- und Lebensgemeinschaft unter dem Evangelium. Beiträge zur Geschichte und zu den Perspektiven des Evangelischen Konvikts in den Franckeschen Stiftungen zu Halle, Halle 1999.

100 Zitiert nach Jahresprogramm der Franckeschen Stiftungen 1994, hg. v. P. Raabe/Penelope Willard, Halle 1993, S. 70.

101 Alexander Delhaes, Die Franckeschen Stiftungen zu Halle. Erbe und Auftrag der Martin-Luther-Universität Halle–Wittenberg, Ms., Stadtarchiv Halle, Häuserarchiv, Franckesche Stiftungen, Allgemeines, Ordner Nr. 100, Mappe 2: 1946–1980, S. 5.

102 Stadtarchiv Halle, Häuserarchiv, Franckesche Stiftungen, Allgemeines, Ordner Nr. 100, Mappe 2: 1946 1980.

103 Ministerialblatt für das Land Sachsen-Anhalt, Jg. 1 (1991), Nr. 34, S. 918.

104 Zitiert nach Jahresprogramm der Franckeschen Stiftungen 1994, aaO., S. 75.

Geschichtswissenschaft bei V&R
Frühe Neuzeit / Religionsgeschichte – eine Auswahl

Kaspar von Greyerz
Religion und Kultur
Europa 1500-1800
2000. 395 Seiten mit 6 Abbildungen, gebunden mit Schutzumschlag
ISBN 3-525-36240-4

Ernst Hinrichs
Fürsten und Mächte
Zum Problem des europäischen Absolutismus
2000. 279 Seiten mit 15 Abbildungen, gebunden mit Schutzumschlag
ISBN 3-525-36245-5

Arne Karsten
Kardinal Bernardino Spada
Eine Karriere im barocken Rom
2001. 304 Seiten mit 22 Abbildungen, gebunden. ISBN 3-525-36249-8

Christoph Schmidt
Auf Felsen gesät
Die Reformation in Polen und Livland
2000. 341 Seiten mit 1 Karte, Paperback. ISBN 3-525-01387-6

Arno Herzig
Der Zwang zum wahren Glauben
Rekatholisierung vom 16. bis zum 18. Jahrhundert
2000. 266 Seiten mit 6 Abbildungen, Paperback. ISBN 3-525-01384-1

Hartmut Lehmann
Protestantisches Christentum im Prozess der Säkularisierung
2001. 218 Seiten, kart.
ISBN 3-525-36250-1

Olaf Blaschke (Hg.)
Konfessionen im Konflikt
Deutschland zwischen 1800 und 1970: ein zweites konfessionelles Zeitalter
2002. 365 Seiten mit 8 Abbildungen, kart. ISBN 3-525-36254-4

Volker Sellin
Die geraubte Revolution
Der Sturz Napoleons und die Restauration in Europa
2001. 360 Seiten, kart.
ISBN 3-525-36251-X

Werner Rösener (Hg.)
Staat und Krieg
Vom Mittelalter bis zur Moderne
2000. 244 Seiten mit 1 Abbildung, Paperback
ISBN 3-525-01386-8

Geschichtswissenschaft bei V&R
Geschichte der Gegenwart – eine Auswahl

Konzentrationslager Bergen-Belsen
Berichte und Dokumente

Ausgewählt und kommentiert von R. Keller, W. Marienfeld, H. Obenaus, T. Rahe, H.-D. Schmid, W. Sommer, W. Wiedemann. Bergen-Belsen-Schriften, Band 1. 2. Auflage 2002. 304 Seiten mit 26 Abbildungen, kart. ISBN 3-525-35488-6

Eberhard Kolb
Bergen-Belsen
Vom „Aufenthaltslager" zum Konzentrationslager 1943-1945

Bergen-Belsen-Schriften, Band 2. 6. Auflage 2001. 160 Seiten mit 23 Abbildungen auf 16 Tafeln sowie 1 vierfarbige Karte, kart. ISBN 3-525-36264-1

Loden Vogel
Tagebuch aus einem Lager
Mit einer Einleitung von T. Rahe und einem Nachwort von H.-J. Rothe. Bergen-Belsen-Schriften, Band 4. 2002. 192 Seiten mit 10 Abbildungen, kart. ISBN 3-525-35132-1

Arne Moi
Das Lager
Ein Norweger in Bergen-Belsen

Aus dem Norwegischen von J. Pöhlandt. Mit einer Einleitung von H. Obenaus. Bergen-Belsen Schriften, Band 5. 2002. Ca. 144 Seiten, kart. ISBN 3-525-35133-X

Dirk Blasius
Carl Schmitt
Preußischer Staatsrat in Hitlers Reich

2001. 250 Seiten, kart. ISBN 3-525-36248-X

Dietrich Beyrau
Schlachtfeld der Diktatoren
Osteuropa im Schatten von Hitler und Stalin

Kleine Reihe V&R 4021. 2000. 158 Seiten, kart. ISBN 3-525-34021-4

Michael F. Feldkamp
Pius XII. und Deutschland
Kleine Reihe V&R 4026. 2000.. 236 Seiten, kart. ISBN 3-525-34026-5

Karsten Timmer
Vom Aufbruch zum Umbruch
Die Bürgerbewegung in der DDR 1989

Kritische Studien zur Geschichtswissenschaft 142. 2000. 416 Seiten, kart. ISBN 3-525-35925-X

V&R
Vandenhoeck & Ruprecht

Geschichtswissenschaft bei V&R
Geschichte der Geschichtswissenschaft – eine Auswahl

Edgar Wolfrum
Geschichte als Waffe
Vom Kaiserreich bis zur Wiedervereinigung
KLEINE REIHE V&R 4028.
2001. 176 Seiten, kart.
ISBN 3-525-34028-1

Jürgen Osterhammel
Geschichtswissenschaft jenseits des Nationalstaats
Studien zu Beziehungsgeschichte und Zivilisationsvergleich
Kritische Studien zur Geschichtswissenschaft 147. 2001. 384 Seiten, kart.
ISBN 3-525-35162-3

Ingo Haar
Historiker im Nationalsozialismus
Deutsche Geschichtswissenschaft und der „Volkstumskampf" im Osten
Kritische Studien zur Geschichtswissenschaft 143. 2., verbesserte Auflage 2002. Ca. 433 Seiten mit 13 Abbildungen, kart. ISBN 3-525-35942-X

Andreas Suter /
Manfred Hettling (Hg.)
Struktur und Ereignis
Geschichte und Gesellschaft, Sonderheft 19. 2001. 286 Seiten, kart.
ISBN 3-525-36419-9

Günther Lottes /
Joachim Eibach (Hg.)
Kompass der Geschichtswissenschaft
Ein Handbuch
UTB 2271 M. 2002. 400 Seiten, kart.
ISBN 3-8252-2271-3

Hinnerk Bruhns /
Wilfried Nippel (Hg.)
Max Weber und die Stadt im Kulturvergleich
Kritische Studien zur Geschichtswissenschaft 140. 2000. 201 Seiten, kart.
ISBN 3-525-35746-X

Christoph Conrad /
Sebastian Conrad (Hg.)
Die Nation schreiben
Geschichtswissenschaft im internationalen Vergleich
2002. Ca. 416 Seiten, kart.
ISBN 3-525-36260-9

Vandenhoeck & Ruprecht